江西省自然科学基金面上项目(20232BAB204074)资助

盾构下穿摩擦桩基老旧建筑群综合控制技术

林 超 肖 雄 王祖贤 赵宝锋 厉建升 著

中国矿业大学出版社

·徐州·

内 容 简 介

　　盾构掘进会引发复杂的地层变形,影响桩基及建筑物安全,因此城市地铁盾构施工时需确保自身及环境安全,特别是在建筑密集的老城区。本书主要研究了盾构施工对邻近桩基的横向附加响应,采用两阶段法和弹性地基梁理论建立解析模型,考虑地层不均性,验证模型可靠性,并分析桩基响应变化及影响因素;探讨了盾构施工对摩擦桩基承载特性的影响,基于地层应力场变化,建立承载力计算方法,分析桩身摩阻力变化规律,为桩基安全性分析提供参考;针对盾构穿越老城区建筑群的特点,调查主要风险源,建立整体分析模型,分析建筑物响应规律,确立安全性控制标准,讨论建筑物安全性,明确变形特征,提出施工控制措施;研究富水砾砂层摩擦桩基建筑群段盾构施工地层加固技术,调研安全控制措施及机理,探讨地层加固效果,确定具体可行的加固方法及工艺;针对砂-岩复合地层,分析工程地质特性,提出土压平衡盾构选型与刀具配置方案,进行刀具磨耗分析,为同类工程提供参考。

图书在版编目(CIP)数据

盾构下穿摩擦桩基老旧建筑群综合控制技术/林超
等著. — 徐州:中国矿业大学出版社,2024.12.
ISBN 978-7-5646-6505-0

Ⅰ. U231.3

中国国家版本馆 CIP 数据核字第 2024NL9637 号

书　　名	盾构下穿摩擦桩基老旧建筑群综合控制技术
著　　者	林　超　肖　雄　王祖贤　赵宝锋　厉建升
责任编辑	陈　慧
出版发行	中国矿业大学出版社有限责任公司
	(江苏省徐州市解放南路　邮编 221008)
营销热线	(0516)83885370　83884103
出版服务	(0516)83995789　83884920
网　　址	http://www.cumtp.com　E-mail:cumtpvip@cumtp.com
印　　刷	苏州市古得堡数码印刷有限公司
开　　本	787 mm×1092 mm　1/16　**印张** 12.25　**字数** 220 千字
版次印次	2024 年 12 月第 1 版　2024 年 12 月第 1 次印刷
定　　价	46.00 元

(图书出现印装质量问题,本社负责调换)

前　言

　　城市地铁盾构施工时,核心任务是保证施工过程的自身安全和周围环境的安全。鉴于城市环境对地层变形敏感的特点,盾构施工时确保环境的安全尤为重要。盾构掘进时,土体经历着复杂的加卸载过程,土体及周围环境结构经历着复杂的、动态的相互作用。土体变形从产生、传播到与结构物的相互作用,施工效应实现了从源头到端头的传播与发展。如何有效地评估施工效应并在掘进过程中实现精细化控制成为把控盾构掘进质量的重难点。

　　南昌市轨道交通 3 号线十字街站—绳金塔站—六眼井站—八一馆站区间线路掘进里程长,且地质环境和周边施工环境极其复杂。区间位于老城区建筑物密集区,隧道施工时盾构正穿、侧穿建筑物多达 50 栋。根据现场调查,既有建筑物基础大多为砾砂层短摩擦桩基础,上部结构以低层框架结构和砖混结构为主。根据房屋表观鉴定结果,多处房屋表观鉴定等级为 Csu 级,局部结构承载力不能满足使用要求,盾构穿越施工时风险巨大。

　　盾构穿越桩基础建筑物施工时,诱发上部结构变形的反应链为:盾构施工→地层变形→桩基变形→建筑物变形。由此可见,盾构施工引起的地层变形是导致既有桩基及建筑物发生风险的根源。在地层变形作用下,桩基础将会产生附加变形和内力,当附加响应过大时将会危及上部结构安全性。此外,从摩擦桩基承载力理论来看,盾构施工后地层应力场的重分布将会影响摩擦桩基的侧摩阻力分布,影响桩基承载力,若承载力损失过大,将会致使桩基失效,进而影响建筑物安全性。

本书依托工程实践,从盾构近接施工引起周围环境响应的机理入手,研究盾构施工地层变形模式及其传播机理,提出盾构掘进影响下地层变形的预测方法,继而探究既有环境结构的力学响应,探索不同变形条件下浅层摩擦桩基建筑物安全性并提出相应的预测方法,进一步提出相应的施工控制措施。研究内容对现场施工具有较好的指导意义。

本书采用文献调研、数值模拟、现场监测、理论分析、参数试验等方法,对南昌轨道交通3号线十字街站—绳金塔站—六眼井站—八一馆站区间盾构隧道施工方案进行验证和优化,评价施工安全性,给出施工建议和安全控制决策,提出大坡度小曲线半径条件下土压平衡盾构掘进控制技术,确定砾砂层盾构近接施工影响下环境的力学响应特征,构建较为系统的砂-岩渐变地层大坡度小曲线半径条件下土压平衡盾构施工综合控制技术体系,最终将研究成果反馈应用到施工现场,并进行进一步修正完善。

研究成果实现了研究区间段隧道安全、优质、顺利贯通,其间零预警、零事故、零风险,得到了上级主管单位和地方建设主管部门的一致认可,取得了良好的社会效益,可为今后类似工程提供理论指导和技术借鉴。

限于作者水平,书中难免存在不妥之处,敬请读者批评指正。

著 者
2024 年 8 月

目　　录

第1章 绪 论

1.1 研究意义

城市地铁盾构施工时,核心任务是保证施工过程的自身安全和周围环境的安全。鉴于城市环境对地层变形敏感的特点,确保环境的安全尤为重要。伴随我国城市建设的不断发展,我国城市地铁必将向大深度、复杂交叉、多线重叠、立交等复杂结构发展,这对地铁隧道的建设要求提出了许多新的问题和挑战。恒者行远、思者常新,随着盾构装备与施工技术的不断进步,盾构法必将在我国地铁隧道建设中得到广泛运用,并推动高速交通梦想的实现[1]。盾构掘进时,土体经历着复杂的加卸载过程,土体及周围环境结构经历着复杂的、动态的相互作用。土体变形从产生、传播到与结构物的相互作用,施工效应实现了从源头到端头的传播与发展。如何有效地评估施工效应并在掘进过程中实现精细化控制成为把控盾构掘进质量的重难点。

本课题依托的工程盾构区间位于老城区建筑物密集区,区间隧道施工时盾构正、侧穿建筑物多达 50 栋。根据现场调查,既有建筑物基础大多为砾砂层短摩擦桩基础,上部结构以低层框架结构和砖混结构为主。根据房屋表观鉴定结果,多处房屋表观鉴定等级为 Csu 级,局部结构承载力不能满足使用要求,盾构穿越施工时风险巨大。

盾构穿越桩基础建筑物施工时,诱发上部结构变形的反应链为:盾构施工→地层变形→桩基变形→建筑物变形。由此可见,盾构施工引起的地层变形是导致既有桩基及建筑物发生风险的根源。在地层变形作用下,桩基础将会产生附加变形和内力,当附加响应过大时将会危及上部结构安全性。

此外,从摩擦桩基承载力理论来看,盾构施工后地层应力场的重分布将会影响摩擦桩基的侧摩阻力分布,影响桩基承载力,若承载力损失过大,将会使桩基失效,进而影响建筑物安全性。

因此,依托工程实践,从盾构近接施工引起周围环境响应的机理入手,研究盾构施工地层变形模式及其传播机理,提出盾构掘进影响下地层变形的预测方法,继而探究既有环境结构的力学响应,探索不同变形条件下浅层摩擦桩基建筑物安全性并提出相应的预测方法,进一步提出相应的施工控制措施,对现场施工具有良好的指导意义。

1.2 国内外研究现状

1.2.1 施工荷载作用下盾构隧道结构力学特性研究现状

相比于正常使用阶段,隧道在施工阶段的衬砌受力是一个典型的复杂三维问题,没有合适的理论分析方法,目前的研究以数值分析、现场监测及模型试验为主。

(1)数值分析

盾构隧道施工阶段由于结构所受荷载及约束条件复杂,以有限元为主的数值方法成为研究首选方法。目前,综合国内外研究来看,施工阶段隧道结构力学性能分析的数值模型主要有两类:一类是荷载-结构模式下针对结构本身的力学性能分析,另一类则是地层-结构模式下针对隧道衬砌及周边环境响应的分析。分述如下:

① 以荷载-结构模式为主的数值分析

宋克志等[2]对盾构施工阶段管片的受力特点进行了分析,将施工阶段的盾构隧道模型简化为一端固定一端简支的受力构件,以某盾构工程施工参数为例,建立了施工阶段的盾构隧道有限元模型,分析了千斤顶倾角及推力偏差对衬砌管片的影响。

② 以地层-结构模式为主的数值分析

林攀等[3]采用数值模拟对既有盾构隧道拓建地铁车站的方案进行分析,重点研究拓建施工过程中既有盾构隧道的位移和应力变化规律:盾构最大主应力沿整个隧道纵向呈 W 形分布,且土体开挖对纵向一定范围内的最大主应力影响较大,而对范围外的最大主应力影响较小,前 3 次土体开挖对盾构隧道的最大、最小主应力影响较大,剩余部分土体开挖对盾构隧道的最大、最小主应力影响较小。

孔祥兴等[4]进行了三维动态数值模拟和施工力学分析,通过分析施工引起的地表变形、中间土体应力和围岩塑性区的特征和规律,研究得出 CRD 法与盾构法隧道先后施工相互影响的规律性成果:先行大断面隧道采取 CRD 法施工对后行小断面盾构隧道上方地表沉降的影响较后者对前者的影响大;后行隧道的贯通使得先行隧道开挖形成的地表变形轴线向后行隧道侧偏移了约净距的 50%,并且地表变形的横向影响范围和地表沉降量均有增大,主要表现在靠后行隧道一侧;先行大断面隧道的开挖较后者对中间土体应力影响大,对相邻洞土体的影响在同掌子面处最为显著。

(2)现场监测及模型试验

受施工环境的限制,在施工过程中对管片受力进行监测比较困难。尽管如此,还是在一些工程中对隧道施工过程中管片的受力状态及变形进行了监测,得出了一些对隧道结构设计和施工有益的结论。

唐孟雄等[5]等通过在管片中埋置压力盒及在管片钢筋中布置应力计对广州地铁某区间盾构隧道施工过程中管片的受力状态进行了现场监测,通过管片实测环向压力和弯矩值与设计值的对比,发现设计值偏小,指出设计时应考虑注浆压力等施工荷载。

朱叶艇等[6]基于试验成果建立了异形盾构管片壳-弹簧计算模型,并将原型试验结果与修正惯用法和壳-弹簧模型进行对比,给出了异形盾构管片内力分布模式,明确了修正惯用法作为异形盾构管片设计方法的可靠性,并将壳-弹簧模型推荐为能较为科学地反映异形盾构管片实际受力特征的计算模型。

综上所述,由于施工阶段结构所受荷载及约束条件的复杂性,使得施工阶段盾构隧道结构响应分析是一个典型的三维问题,目前的分析手段以数值方法为主,尚未提出施工荷载-非对称顶推力作用下盾构隧道结构附加响应分析的理论模型。

1.2.2 盾构施工对邻近桩基的影响研究现状

城市建设中,在既有建筑结构邻近区域进行隧道施工的情况非常普遍,而隧道施工会引起邻近建筑物桩基的附加变形和附加内力。隧道施工对邻近桩基的影响分析属于被动桩问题,其实质是结构与其周围介质的相互作用问题。目前,对于该问题的研究方法主要有整体有限元法、两阶段分析法、模型试验和现场监测方法。

以有限元法为主的整体法,借助专业有限元软件建立桩-土-隧道整体分析模型,能够充分考虑桩土之间的相互作用以及隧道施工过程。但为了能得到更为准确的计算结果,往往需要选择能够更适用于反映隧道施工时土体复杂力学特性的本构模型,比如 Hardening Soil 模型、小应变模型等。然而土体本构关系越复杂,计算参数就越难以确定,这为进行准确的有限元分析带来了一定的困难。

因其隐蔽性,在隧道施工时对既有桩基进行现场监测几乎不可行,只能通过现场试桩进行桩基变形和内力监测。室内离心机模型试验一定程度上弥补了现场监测方法的不足。但这两种方法都存在周期长和耗资大的缺点。

两阶段法,第一阶段先计算隧道施工引起的桩位处自由场土体位移,然后将计算的自由场土体位移以外荷载的形式作用在桩基上,进行桩基响应分析。该方法物理意义明确,计算过程相对简单,在解决被动桩问题中被广泛应用。总体上,既有的隧道施工引起的被动桩响应问题的弹性地基梁理论解答,在本质上都可以归结为基于一定的地基模型结合经典的 Euler-Bernoulli 浅梁理论建立桩基横向变形控制方程,即将桩基视为一细长梁,而地基模型以 Winkler 地基和 Pasternak 地基为主。

Winkler 地基模型由于没有考虑地基弹簧间的剪切作用,不能扩散应力和变形,因而在理论上存在严重的缺陷;Pasternak 地基模型虽然考虑了相邻土弹簧之间的剪切作用,但是既有研究成果中土层剪切参数的确定差异较大,参数确定缺乏理论依据。相对而言,由于 Vlazov 地基模型参数可以进行严格的推导,因此其参数确定也更为明确[7]。

综上所述,基于两阶段法开展隧道近接既有桩基施工时桩基附加响应分析思路明确,方法简便,可给出一定条件下桩基附加变形和内力的解析解(半解析解),相较有限元方法而言,更易开展参数分析工作。本研究在既有研究的基础上,将既有桩基视为 Vlazov 地基中的 Euler 梁,采用两阶段法建立盾构侧穿桩基施工引起既有桩基横向附加响应分析的解析计算模型,并进一步考虑地基沿桩基深度方向的不均匀性,给出成层地基中盾构侧穿既有桩基施工时桩基横向附加变形和附加内力的差分解。

1.2.3　盾构施工对邻近建筑物的影响研究现状

隧道工程施工难以避免对周围岩土体造成扰动,应力平衡状态改变造成岩土体变形,进而使隧道上覆岩土体发生位移,导致地面沉降。地层位移对隧道周围已有建筑物产生直接的不利影响,造成建筑物沉降、开裂、倾斜等一系列工程问题。当隧道上覆土体位移超过一定限度时,有可能危及既有建筑物的安全。

地层变形引起的不均匀沉降和水平位移是造成建筑物损坏的重要因素,地面不均匀沉降常引起建筑物倾斜和开裂,为此一些学者采用不均匀沉降建立了具有独立基础或桩基的框架结构建筑物的损坏评价机制,又从受力机理和影响因素方面讨论了建筑物的破坏形式。此外,地层水平位移易使建筑物承受拉力,从而产生张拉裂缝破坏。现有研究表明,盾构隧道施工对框架结构影响较小,而对砌体结构影响显著,故许多学者在研究过程中将建筑物考虑为完全柔性。

丁勇春等[8]在进行软土地区深基坑施工引起的环境影响分析时,将建筑划分为以多层框架结构及高层结构为代表的刚性建筑和以砖混结构为代表的柔性建筑,分别以倾斜值和最大裂缝宽度作为其控制指标。

综上,随着国内地铁建设的高速发展,在建筑密集区修建城市轨道交通的案例越来越多,相应的盾构施工对邻近建筑物影响研究业已积累了较为广泛的研究成果。但综合来看,现有研究中盾构隧道穿越邻近桩基础建(构)筑物时的案例多以桥梁桩基础、深基础高层框架结构为主。而本书研究依托的盾构工程,穿越区域为城市老城区,建筑类型以浅层摩擦桩基础-低层框架或砖混结构为主,与既有研究存在显著差异。因此,在本研究中将重点讨论盾构施工引起摩擦桩群扰动下老旧建筑物的安全性,进一步分析不同扰动变形条件下浅层摩擦桩基建筑物的变形特征。

1.2.4　盾构选型及刀具配置方案研究现状

盾构工法施工效率高,且具有良好的抗干扰能力,使其成为目前地铁隧道施工的主流方法。盾构设备选型是盾构施工准备阶段的重要环节,会对后续环节产生重大影响。合理的盾构选型不仅可以满足隧道施工的安全性要求,同时盾构选型也是盾构施工中控制成本的主要环节,因为盾构施工中设备的成本占到总成本的 1/3。

尚艳亮等[9]基于石家庄地铁的无水砂层盾构施工数据对几个区间的盾构选型进行了评价,研究了盾构选型对地表沉降的影响,总结了石家庄无水砂层土压平衡盾构选型规律。郭彩霞等[10]依托北京地铁 9 号线工程实例,针对北京典型无水大粒径卵砾漂石地层盾构施工所面临的问题,提出了"以疏为主、以隔为辅"的盾构设备选型理念,开展了盾构机刀盘及刀具、加泥及泡沫系统、螺旋输送系统、同步注浆系统、刀盘驱动系统等关键设备的适应性研究和改造升级。还有相关学者就承压水地层盾构机选型配套、刀具配置、掘进参数确定等方面进行研究,获得了适应该地层施工的施工盾构选型和配套模式以及施工工艺参数。

盾构刀具的选择和布置恰当与否直接影响盾构施工中掘进效率的高低、刀盘刀具磨损的轻重以及刀盘刀具的寿命。

刀盘刀具的配置应考虑施工地层的适应性。目前盾构工程中一般的刀具配置是:软土地层采用只有切刀配置的刀盘,硬岩地层采用安装盘形滚刀的刀盘,而针对软硬不均的地层采用切刀与滚刀组合的刀盘形式。

宋克志等[11]指出不同的工程地质需配置不同的刀具:在软弱土地层一般只需配置切削型刀具;在砂层、砂卵石地层需要配备齿刀切刀;在风化岩及软硬不均地层,除配置切削型刀具外,还需配置滚刀;在单纯的硬岩地层,刀具全部选用滚刀。

周喜温[12]首先建立了地层抗压强度和岩层完整程度的地质适应性隶属度函数,然后根据建立的模糊规则库进行单因素评判,最后根据模糊综合评价模型对两种因素进行综合评判,选出适应地层的刀具类型。

刘泓志等[13]以青岛胶州湾第二海底隧道 TJ-06 标段为实际工程背景,针对"深蓝号"超大直径泥水平衡式盾构长距离、高水压穿越上软下硬土岩复合地层、全断面凝灰岩、断层破碎带、全断面花岗岩时的刀盘刀具磨损、刀具破岩能力不足、泥水舱滞排、刀盘泥饼堵塞和盾尾密封失效与主驱动密封失效等关键问题与难点进行针对性设计与研究,采取减小刀间距、优化刀具布置与形式、采用大直径短螺旋后接颚式破碎机排渣模式、加强并优化刀盘与泥水舱的冲刷等设计方案。

在盾构掘进过程中,盾构刀具磨损是盾构安全快速掘进面临的最主要难题之一。刀具磨损过大严重影响施工效率,而开仓换刀容易引发开挖面失稳、隧道坍塌等工程事故,增加了施工风险和成本。

在刀具磨损预测方面,科罗拉多矿业大学的 CSM 模型和挪威科技大学的 NTNU 模型,分别用磨蚀性指数 CAI 和磨蚀值 AVS 预测滚刀寿命。袁大军等[14]通过对工程实际刀具磨损情况进行现场测试,运用统计回归分析方法,总结出砂卵石地层盾构刀具磨损与其掘削迹长的关系。还有学者基于金属摩擦学理论,分析得到盾构刀具磨损主要有磨粒磨损、黏着磨损和疲劳磨损 3 种机制,其中磨粒磨损和黏着磨损是盾构刀具磨损的主要原因的结论。

1.2.5　复杂条件下盾构始发技术研究现状

盾构始发是盾构施工的关键环节,其主要施工内容包括:始发竖井端头地层加固、盾构始发基座安装、盾构机械组装及调试、安装反力架、凿除洞门临时墙和围护结构、安装洞门密封、盾构姿态核准和调整、负环管片拼装、盾构推进与试掘进等。

端头土体加固是盾构始发施工的重要组成部分,也是施工难点之一。针对盾构始发、到达施工过程中常见的端头失稳、坍塌、涌水等问题,国内学者已做了相关研究。杜闯东[15]以广深港客运专线狮子洋隧道和长株潭城际铁路湘江隧道 2 个不同的工程项目和盾构形式为例,对硬岩地层掘进中出现的坍塌受阻情况和处理技术方案进行了阐述和总结,分析 2 个工程的地层特点、掘进时采取的措施和施工中存在的问题,论证泥水和土压平衡 2 种盾构在相关不良地层中的适应性和掘进技术的观点。胡浩睿等[16]以苏州轨道交通 4 号线某区间隧道盾构接收工程为例,通过对盾构端头加固长度不足及周边环境、地质条件复杂情况下的加固方法及盾构技术进行优化,取得了较好的盾构机接收效果。吴全立等[17]以深圳地铁 9 号线某区间盾构施工为例,针对盾构在近始发端头下穿施工时存在的难题,采用了始发段钢套筒保压、克泥效充填盾构间隙、辅助注浆纠偏、风险分区管理、自动化实时监测以及理论分析等综合技术措施及管理手段,顺利通过了既有地铁线路下穿段。在盾构端头加固方面,相关学者通过压力注浆、高压旋喷、降水等预处理方式改良盾构端头土体,以提高土体的强度和自稳能力,降低其渗透性,可防止盾构始发、接收时产生掌子面失稳、坍塌、流砂、涌水等风险。吴韬等[18]结合上海长江隧道浦东工作井工程进行理论验算和三维有限元数值模拟，对大型盾构出洞区加固土体的稳定性进行了研究。

雷金山等[19]基于板块强度理论，结合砂卵石地层的受力特点，将盾构始发与到达端头土体加固的力学计算模型简化为四边简支的矩形薄板，根据弹性力学中矩形薄板的莱维解，运用最大剪应力和最大拉应力原理，分析得出端头土体的纵向加固范围；采用 MIDAD/GTS 有限元分析软件，依托工程实例，建立三维有限元计算模型，对端头土体加固厚度、位移、加固土强度进行分析。通过理论计算和数值模拟对盾构端头的纵向加固范围进行了研究。

端头加固的方法很多，如地面注浆法、高压旋喷桩、搅拌桩、冷冻法、钢套筒始发或接收、降水法等，施工工艺都比较成熟，但每种工艺适用的水文地质条件不同，施工条件也有所区别，应结合具体工程条件对加固方案进行比选，选择合理的端头加固方法。

综上，针对盾构始发时始发井端头土体加固已开展了较为成熟的研究，研究方法主要以数值模拟和理论解析为主。但既有研究重点分析了始发井端头土体纵向加固长度对洞门稳定性的影响，而对于横向加固范围多采取经验方法确定。

1.2.6 富水地层土压平衡盾构开挖面稳定性研究现状

盾构施工工程事故调查发现，由隧道开挖面失稳导致的土层变形过大的问题尤为突出。合适的支护压力是维持盾构隧道开挖面稳定的关键，过大的支护压力会造成前方土体的冒顶破坏，而过小的支护压力则会造成前方土体的塌陷破坏。

在隧道开挖稳定性的研究方法中，主要有解析、数值模拟以及模型试验三种方法。其中，解析解模型主要可分为两类：① 基于极限平衡理论发展而来；② 基于极限分析理论发展而来。数值模拟主要有 FEM/FDM 和 DEM，模型试验主要有离心机试验模拟及 $1g$ 条件下的相似模型试验。

极限平衡法被广泛应用于分析岩土体的稳定性问题，包括边坡工程、基坑工程以及隧道工程的稳定性分析。由于该方法从静力平衡的角度分析计算所假定的滑动土体平衡时所需的支护压力，力学概念清晰直观，支护压力的计算公式简洁明了,因此被工程界广泛接受。同时,相比其他方法,极限平衡法更方便考虑地层的复杂性、地下水渗流以及不同的加载条件。这一方法假设土体为纯静态,忽略土体的塑性流动法则(即本构关系)。应用于隧道工程稳定性分析的极限平衡方法主要包括 1966 年提出的村山公式法和 1961 年提出的三维楔形体模型。

对于富水地层,地下水渗流至隧道开挖面将导致土层中水头压力降低和有效应力提高,是导致地面产生过度沉降的主要原因之一。至今,学者们对稳态渗流条件下隧道开挖面稳定性进行了一定的研究。

王闯等[20]基于屈服接近度的概念,提出开挖面稳定性分析方法,并结合广佛环线沙堤隧道工程,分析不同纵向开挖间距下双线隧道施工时先行隧道开挖面的渗流场分布、应力场扰动和极限支护压力差异性。研究结果表明,随着纵向开挖间距的增大,先行隧道开挖面的水压力分布趋向于以隧道中心为轴线呈近似对称分布,后行隧道开挖引起的先行隧道开挖面的渗透力较小;屈服接近度可以从应力扰动的角度反映隧道施工对于土体的扰动程度和开挖面稳定性的影响。

Yin 等[21]通过一系列离心试验和有限差分数值分析,研究了渗透性各向异性和隧道开挖面开孔率对隧道开挖面稳定性的影响。结果表明,随着开孔面积和竖向与水平渗透系数之比的增大,开挖面前方的孔隙水压力会降低,而更高的竖向与水平渗透系数之比会导致需要更高的支护压力以保持隧道开挖面的稳定。

综上,对于盾构隧道开挖面稳定性问题,国内外学者已开展了广泛研究,研究成果较为丰富。但值得注意的是,在城市地铁建设、扩张的过程中,大坡度隧道不断涌现,如西安地铁 4 号线设计中出现了多个盾构区间长大坡度的设计方案,最大坡度达到 28‰。目前世界上最大坡度的盾构隧道为瑞士洛桑地铁 2 号线奥奇至莱期克鲁赛特区段,平均坡度达 58‰,最大坡度达 177‰,依托工程盾构线路最大纵坡坡度达 27‰。由于线路坡度的存在,其盾构开挖面稳定性的计算必然与平坡条件时有所区别。

1.2.7 土压平衡盾构掘进参数控制研究现状

掘进参数调控是盾构施工控制的关键,盲目调整掘进参数会使盾构机掘进与周围环境安全受到威胁。如天津地铁 3 号线与 2 号线盾构施工中分别发生过盾壳摩擦力骤增与土舱压力骤降的事故,这两起事故均使地表产生了很大沉降,影响了周围建筑物的正常使用。因此,研究盾构掘进参数变化规律及盾构在各地层中的掘进表现有着重要现实意义。

许多学者对盾构机的掘进参数做了大量研究工作。蒋洪进[22]通过研究上海隧道工程,分析了施工参数的变化对沉降的影响。王洪新[23]基于模型试验数据研究了土压平衡盾构的土舱压力、总推力、刀盘转速与掘进速度之间的关系。戴志成等[24]以广佛环线沙堤隧道为工程依托,利用有限差分软件 FLAC 3D 研究了土压平衡盾构水下始发段掘进参数对地表沉降的影响,并结合现场实测数据分析盾构掘进过程中地表沉降和邻近建筑物变形的变化规律,认为地表沉降与土压平衡盾构掘进参数密切相关,增大土舱压力与注浆压力可以减小地表的沉降,但掘进参数的调整存在合理范围,超过合理值后沉降的控制效果变化不明显。林存刚等[25]通过分析杭州过江隧道工程,认为在掘进稳定时刀盘扭矩的降低和转速增大会导致掘进速度的增大,并介绍处理措施及其环境影响,在此基础上提出预防泥水盾构刀盘在砂性土层掘进束缚受困的措施;认为泥水盾构刀盘粉砂土地层中束缚受困后,切口正前方地面开槽,通过高压喷射水流冲射刀盘上附着砂土使其离散脱落的措施是安全可行的,开槽时应加强对周围环境的监控,避免开槽引起周围土层和已建成隧道结构的位移过大。

此外,一些学者针对盾构掘进平衡状态时各掘进参数之间的定量内在关系进行了推导,分析并结合试验进行了验证。林存刚等[25]等研究了不同的盾构掘进速度对周围地层的影响,指出在施工工艺基本一致的前提下,提高盾构掘进速度有利于对地面沉降的控制。

综合既有研究成果来看,盾构掘进参数的统计分析、掘进速度预测模型的构建、基于实测掘进参数的地层反演分析及掘进参数的地层适应性分析是当前盾构掘进参数控制研究的主要方向[26-30]。

随着南昌地下轨道交通工程建设里程的快速增长,大量 EPB 盾构工程涌现。既有研究表明,南昌地区盾构掘进的主要地层为富水砾砂层、中风化泥质粉砂岩地层及由这两类地层构成的复合地层[31-35]。因此,对南昌地区典型地层土压平衡盾构掘进参数进行统计研究,分析 EPB 盾构在南昌地区典型地层的掘进表现,可为南昌地区同类地层 EPB 盾构施工提供借鉴,为其掘进参数设置提供参考。

1.3　主要研究内容

（1）盾构施工引起的邻近桩基横向附加响应研究

针对盾构施工扰动下邻近桩基附加响应课题，采用两阶段法结合弹性地基梁理论建立盾构施工扰动下邻近单桩横向响应解析计算模型，并考虑地层的不均匀性给出既有桩基附加变形及内力的半解析解（差分解）。基于既有研究成果验证解析模型的可靠性，在此基础上分析桩基响应随盾构施工过程的变化特征及盾构施工时各因素的影响规律，进一步开展模型参数敏感性分析，探明解析模型关键参数的敏感性。

（2）盾构施工对摩擦桩基承载特性的影响研究

盾构隧道施工后地层应力场的改变是导致既有摩擦桩基承载力发生变化的根本原因。根据摩擦桩基承载力基本理论，基于 Bobet（博贝）等提出的浅埋圆形隧道施工后地层应力场解析解，建立盾构施工后摩擦桩基承载力计算方法，分析不同盾构施工扰动条件下桩身摩阻力变化规律，为盾构接近摩擦桩基施工时桩基安全性分析提供参考。

（3）盾构施工引起的邻近建筑物安全性分析

针对依托工程区间盾构穿越老城区密集建筑群的施工特点，展开依托工程盾构穿越施工时的主要风险源调查分析。选取典型施工工况，建立盾构穿越摩擦桩基老旧建筑物的整体分析模型，分析盾构施工时建筑物响应规律。根据相关规范及依托工程建筑物特点，确立本工程建筑物安全性控制标准，在此基础上开展不同条件下建筑物变形特征的多工况分析，讨论建筑物安全性，明确盾构施工时浅层摩擦桩基建筑物变形特征。最后根据盾构穿越老旧建筑物施工时控制措施的实施途径，提出相应的施工控制措施。

（4）富水砾砂层摩擦桩基老旧建筑群段盾构施工地层加固技术研究

调研分析盾构近接敏感建（构）筑物施工时的安全控制措施及其机理，基于计算分析，探讨地层加固对盾构施工扰动及建筑物安全的控制效果，进而确定依托工程典型老旧建筑物具体可行的地层加固方法及加固工艺工法。

（5）砂-岩复合地层盾构选型及刀具配置技术研究

以依托工程绳金塔站—六眼井站区间（简称绳—六区间）盾构隧道为背

景,针对该区间盾构需先后穿越全断面砾砂层、砾砂-中风化泥质粉砂岩复合地层(简称砂-岩复合地层)、全断面岩层的施工工况,分析砂-岩复合地层的工程地质特性,提出该复合地层土压平衡(EPB)盾构选型与刀盘刀具配置方案。进一步进行依托工程刀具磨耗分析,为同类工程 EPB 盾构刀具优化提供参考。

(6)富水砾砂层摩擦桩基老旧建筑群段盾构施工控制技术研究

以依托工程实测掘进参数为样本,分析 EPB 盾构穿越南昌地区典型地层时主要掘进参数的统计学特征,给出不同地层条件下盾构近接摩擦桩群施工时主要掘进参数建议值;结合依托工程盾构实际掘进工况,进行大坡度条件下富水砾砂层开挖面稳定性研究,分析线路坡度对开挖面稳定性的影响,为依托工程盾构在富水砾砂层大坡度掘进时土仓支护压力的设定提供依据。

1.4　研究思路和方法

本项目拟采用文献调研、理论解析、数值模拟和现场监测等方法展开相关研究,以期揭示不同变形条件下富水砾砂层中摩擦桩基附加变形及承载能力的变化规律及其对老旧建筑物安全性的影响规律,提出典型老旧建筑物扰动变形控制标准,并确定相应的控制措施。

(1)理论分析

① 基于弹性地基梁理论,采用两阶段法建立位移控制的盾构施工扰动下邻近单桩横向附加响应的解析计算模型,探明既有桩基横向附加响应随盾构施工过程的变化规律。

② 基于摩擦桩基基本承载理论,在 Bobet 等提出的浅埋圆形隧道施工后地层应力场分布的基础上,建立盾构隧道施工后摩擦桩基极限承载力计算方法,讨论不同地层变形条件下各类摩擦桩基承载力的变化规律。

③ 基于 Horn 筒仓理论,建立考虑线路坡度影响的盾构隧道开挖面稳定性分析模型,讨论线路坡度对开挖面极限支护压力的影响。

④ 基于扰动理论,建立盾构始发井洞门土体稳定性分析模型,分析洞门土体稳定安全系数与始发井端头土体纵向加固长度的相关关系,确定纵向加固范围,指导始发井地层加固设计。

⑤ 将已拼装盾构隧道视为弹性地基中的直梁,基于弹性地基梁理论,建立非对称推力作用下盾构隧道附加响应分析的解析计算模型,评价盾构曲线掘进时盾尾非对称推力对隧道结构的影响,进一步给出盾构曲线掘进时推力控制值。

（2）数值模拟

① 建立盾构近接摩擦桩基老旧建筑群施工的整体有限元分析模型,对EPB 盾构近接建筑物施工的力学行为进行模拟,分析盾构施工时既有建筑物变形规律。进一步在多工况数值计算的基础上,讨论摩擦桩群不同扰动变形条件下上部结构的安全性,确定不同扰动变形对老旧建筑物安全性的影响规律。进而针对依托工程穿越建筑物的结构特点,提出简便的浅层摩擦桩基建筑物安全性评价方法。

② 建立考虑线路坡度的富水砾砂层盾构隧道开挖面稳定性分析的流固耦合计算模型,分析开挖面中心点水平位移、地表竖向位移及开挖面破坏形态随支护压力比的发展趋势,讨论线路坡度及隧道覆径比对富水砾砂层开挖面稳定性的影响。

③ 建立盾构始发工况的数值计算模型,对土压平衡盾构始发的施工力学行为进行模拟,分析盾构始发时的地层变形特征,讨论施工参数对地层变形的影响。

④ 建立非对称推力作用下盾构隧道力学行为分析的精细化数值模型,分析不同工况下隧道结构的力学状态,并将数值结果与理论计算结果进行对比,验证解析模型的可靠性。

（3）数理统计

① 开展依托工程各区间盾构刀具磨损量的经验性统计分析,揭示不同刀具的地层适应性及磨损规律,为同类工程 EPB 盾构刀具配置提供数据支撑。

② 对南昌地区三类典型地层中 EPB 盾构主要掘进参数（总推力、刀盘扭矩、刀盘转速、掘进速度、土仓压力和同步注浆量）进行描述性统计分析,分析各地层主要掘进参数的统计学特征,给出三类典型地层主要掘进参数的建议值。进一步分析主要掘进参数间的内在联系,进行三类典型地层EPB 盾构可掘性分析。

（4）现场监测

① 基于盾构机自身数据集成平台,实时监测盾构施工时的各项性能指标,收集整理各项数据监测值,为开展掘进参数数理统计分析提供基础。

② 进行地表沉降、邻近建(构)筑物和各类管线等风险源变形监测,根据监测数据实时反馈盾构施工控制措施,评价施工控制效果,对相应解析模型进行验证或用以标定相关参数。

第 2 章 盾构施工引起的地层变形研究

2.1 盾构施工地层变形机理

盾构隧道开挖过程中影响地层变形的因素有很多,但可以主要归纳为以下三个方面:

(1) 正面附加推力

使用土压平衡盾构法进行施工时,会造成前方土体卸载,为保证开挖面稳定性,盾构机需要提供适宜的支护力以平衡开挖面前方的水土压力。若支护力过大,则会产生挤土效应,导致开挖面前方地表隆起;若支护力过小,则可能会导致掌子面前方土体塌陷,土体向盾构内移动。但盾构施工是一个复杂的动态过程,刀盘转动、土体切削、土体排出都会导致土仓压力发生波动,很难保证支护力和土压力达到理想的平衡状态。在实际盾构施工过程中,为了维持掌子面的稳定性,保障隧道开挖安全,通常会将支护压力设置得比开挖面前方的水土压力大一些(大约 20 kPa),产生正面附加推力,这也可以合理解释很多地表沉降监测数据显示盾构施工导致开挖前方产生地表隆起的现象,因此正面附加推力在盾构施工过程中引起的地表变形应该予以考虑。

(2) 盾壳摩擦力

在盾构机向前推进的过程中,盾构机外壳和土体产生相对位移,在外部较大的水土压力作用下,盾构机外壳和土体间会形成较大的摩擦力,导致土体向开挖方向移动,土体发生变形。这是盾构开挖独有的特点,盾构外壳和土体间的摩擦力所导致的地层变形是盾构施工引起地层变形中重要的一部分。

（3）地层损失

在盾构开挖完成后,由于盾构超挖、管片拼装预留操作空间、盾构后退纠偏等姿态调整、盾壳本身所占空间等原因而导致盾构开挖边界大于管片外轮廓线,地层向隧道内部偏移。为了减小地层向隧道内部的移动,在盾构施工过程中通常会采用同步注浆减小盾尾空隙,有时还会进行二次注浆。但是由于注浆具有时效性、收缩性等特点,因此不能消除盾尾间隙。在单位开挖长度内,盾构掘进开挖体积与开挖边界变形稳定以后的隧道体积之差称为地层损失体积,简称地层损失。地层损失是盾构施工导致地层变形的关键原因。

根据以上分析,可见盾构施工对地层的扰动必须考虑以上三个主要因素,分别通过求解正面附加推力、盾壳摩擦力、地层损失引起的土体变形,再进行叠加求得盾构施工引起的土体总变形。

2.2 盾构推进的力学模型及 Mindlin 基本解

盾构向前推进时,由于受到刀盘正面推力、盾壳对地层的摩擦力及盾尾间隙引起的地层损失等的影响,在土体内产生附加应力场,进而引起地层变形。盾构推进力学模型如图 2-1 所示。

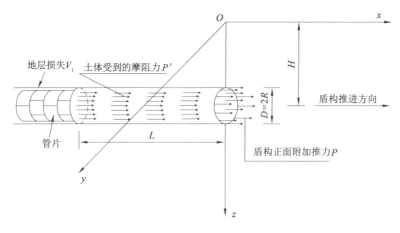

图 2-1　盾构推进力学模型简图

　　计算时认为盾构在正常固结土中沿直线掘进,不考虑注浆压力及盾构机偏斜、抬叩头等非正常施工情况,并做如下基本假定:

　　(1) 土体为均质线弹性半无限空间体;

　　(2) 盾构机正面附加推力近似为圆形均布荷载;

　　(3) 盾壳与地层之间的摩阻力均匀分布;

　　(4) 土体损失沿管道轴向均匀分布;

　　(5) 盾构推进仅为空间位置上的变化,不考虑时间效应。

　　在对盾构正面附加推力及盾壳和地层摩阻力引起地层位移进行计算时,需要用到 Mindlin 基本解[36]。如图 2-2 所示,当弹性半空间内某深度 c 处作用有沿 x' 方向的水平集中力 P 时,根据 Mindlin 的研究,在土体任意点 (x', y', z') 处产生的纵向位移 u_x、横向位移 u_y 和竖向位移 u_z 分别为:

$$u_x = \frac{P}{16\pi G(1-\mu)} \left\{ \frac{3-4\mu}{R_1} + \frac{1}{R_2} + \frac{x'^2}{R_1^3} + \frac{(3-4\mu)x'^2}{R_2^3} + \frac{2cz'}{R_2^3}\left(1 - \frac{3x'^2}{R_2^2}\right) + \right.$$

$$\left. \frac{4(1-\mu)(1-2\mu)}{R_2+z'+c}\left[1 - \frac{x'^2}{R_2(R_2+z'+c)}\right] \right\} \tag{2-1}$$

$$u_y = \frac{Px'y'}{16\pi G(1-\mu)} \left[\frac{1}{R_1^3} + \frac{3-4\mu}{R_2^3} - \frac{6cz'}{R_2^5} - \frac{4(1-\mu)(1-2\mu)}{R_2(R_2+z'+c)^2} \right] \tag{2-2}$$

$$u_z = \frac{Px'}{16\pi G(1-\mu)} \left[\frac{z'-c}{R_1^3} + \frac{(3-4\mu)(z'-c)}{R_2^3} - \frac{6cz'(z'+c)}{R_2^5} + \right.$$

$$\left. \frac{4(1-\mu)(1-2\mu)}{R_2(R_2+z'+c)} \right] \tag{2-3}$$

式中:$R_1 = \sqrt{x'^2+y'^2+(z'-c)^2}$;$R_2 = \sqrt{x'^2+y'^2+(z'+c)^2}$;$c$ 为水平集中荷载作用点深度;G 为土的剪切模量,$G = \dfrac{E}{2(1+\mu)}$,其中 E 为土体弹性模量,μ 为土的泊松比。

　　采用 Mindlin 基本解求解时,需要集中力作用点位于 z 轴坐标 $(0, 0, c)$ 处,给实际应用带来不便。鉴于此,基于坐标变换推导出空间坐标任意点处 Mindlin 一般解形式。

　　设空间坐标 xyz 与局部坐标 $x'y'z'$,两坐标系对应坐标轴相互平行,局部坐标系 x' 轴与 y' 轴偏移空间坐标系 xyz 的坐标原点距离分别为 m、n,则有:$x' = x - m$;$y' = y - n$;$z' = z$。将其代入式(2-1)～式(2-3)可以求得空间坐标任一点 (x, y, z) 处的位移,此时 $R_1 = \sqrt{(x-m)^2+(y-n)^2+(z-c)^2}$,

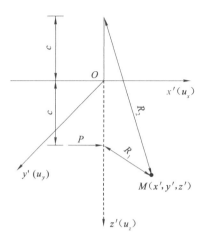

图 2-2　水平集中力作用下的 Mindlin 解计算示意图

$$R_2 = \sqrt{(x-m)^2 + (y-n)^2 + (z+c)^2}。$$

2.3　盾构施工诱发土体变形解析解

2.3.1　盾构正面附加推力引起的地层位移

取如图 2-3 所示坐标系,此时:$m=0,n=r\cos\theta,c=H-r\sin\theta$。在盾构推进面上任意一点取微分面积为 $r\mathrm{d}r\mathrm{d}\theta$,在该微分面积上的正面附加推力荷载为 $pr\mathrm{d}r\mathrm{d}\theta$,对式(2-1)~式(2-3)积分得到盾构附加推力作用下土体内任意一点在 x、y、z 方向的位移分量为:

$$u_{x1} = \frac{P}{16\pi G(1-\mu)} \int_0^{2\pi} \int_0^R \left\{ \frac{3-4\mu}{R_3} + \frac{1}{R_4} + \frac{x^2}{R_3^3} + \frac{(3-4\mu)x^2}{R_4^3} + \right.$$

$$\frac{2z(H-r\sin\theta)}{R_4^3} \times \left(1 - \frac{3x^2}{R_4^2}\right) + \frac{4(1-\mu)(1-2\mu)}{R_4+z+H-r\sin\theta} \cdot$$

$$\left. \left[1 - \frac{x^2}{R_4(R_4+z+H-r\sin\theta)}\right] \right\} r\mathrm{d}r\mathrm{d}\theta \tag{2-4}$$

$$u_{y1} = \frac{Px}{16\pi G(1-\mu)} \int_0^{2\pi} \int_0^R (y-r\cos\theta) \left[\frac{1}{R_3^3} + \frac{3-4\mu}{R_4^3} - \frac{6(H-r\sin\theta)z}{R_4^5} - \right.$$

$$\left. \frac{4(1-\mu)(1-2\mu)}{R_4(R_4+z+H-r\sin\theta)^2} \right] r\mathrm{d}r\mathrm{d}\theta \tag{2-5}$$

$$u_{z1} = \frac{Px}{16\pi G(1-\mu)} \int_0^{2\pi} \int_0^R \left[\frac{z-(H-r\sin\theta)}{R_3^3} + \frac{(3-4\mu)(z-H+r\sin\theta)}{R_4^3} - \right.$$

$$\left. \frac{6z(H-r\sin\theta)(z+H-r\sin\theta)}{R_4^5} + \frac{4(1-\mu)(1-2\mu)}{R_4(R_4+z+H-r\sin\theta)} \right] r\mathrm{d}r\mathrm{d}\theta$$

$$(2\text{-}6)$$

式中:x 为离开挖面的水平距离,以顶进方向为正;y 为离轴线的横向水平距离;z 为离地面的竖向距离,以向下为正;$R_3 = \sqrt{x^2+(y-r\cos\theta)^2+(z-H+r\sin\theta)^2}$; $R_4 = \sqrt{x^2+(y-r\cos\theta)^2+(z+H-r\sin\theta)^2}$;H 为盾构轴线至地面距离;R 为盾构机外半径;P 为盾构正面附加推力。

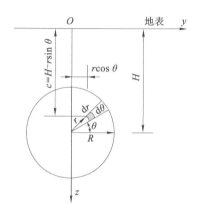

图 2-3　盾构推进坐标系统

王洪新[23]通过理论推导及现场试验,指出盾构刀盘有明显的挤土效应,会产生较大的接触附加压力。本书考虑土压平衡盾构挤土效应这一实际情况,根据王洪新等给出的盾构刀盘附加接触应力计算公式计算盾构正面附加推力:

$$P = \frac{10.13(1-\mu)E_u\pi v(1-\xi)^2}{(1+\mu)(3-4\mu)Dkw} + \Delta P \qquad (2\text{-}7)$$

式中:ΔP 为切口切入土体产生的挤压力,一般取 10～25 kPa;E_u 为土体不排水弹性模量,kPa,可由式 $E_u=(36\sim80)E_{s0.1-0.2}$ 求得,$E_{s0.1-0.2}$ 为压缩模量,kPa;v 为盾构掘进速度,cm/min;w 为刀盘转速,r/min;k 为刀盘闭口部分幅数;D 为刀盘直径,m;ξ 为刀盘开口率,%。其中,不排水弹性模量 E_u 取值经验性较强,根据大量桩基试验数据,在软土地层中不排水弹性模量 E_u

可取$(2.5\sim3.5)E_{s0.1-0.2}$。

2.3.2 盾壳与地层摩阻力引起的地层位移

如图 2-4 所示,此时:$m=-\zeta,n=R\cos\theta,c=H-R\sin\theta$。取盾壳表面的微分面积为 $Rd\xi d\theta$,在该微分面积上地层受到的盾壳摩阻力荷载为 $fRd\xi d\theta$,对式(2-1)~式(2-3)积分得在盾壳摩阻力作用下土体内任意一点在 x、y、z 方向的位移分量为:

$$u_{x2} = \frac{fR}{16\pi G(1-\mu)}\int_0^{2\pi}\int_0^L\left\{\frac{3-4\mu}{R_5}+\frac{1}{R_6}+\frac{(x+\zeta)^2}{R_5^3}+\frac{(3-4\mu)(x+\zeta)^2}{R_6^3}+\right.$$
$$\frac{2z(H-R\sin\theta)}{R_6^3}\times\left[1-\frac{3(x+\zeta)^2}{R_6^2}\right]+\frac{4(1-\mu)(1-2\mu)}{R_6+z+H-R\sin\theta}\cdot$$
$$\left.\left[1-\frac{(x+\zeta)^2}{R_6(R_6+z+H-R\sin\theta)}\right]\right\}d\zeta d\theta \tag{2-8}$$

$$u_{y2} = \frac{fR}{16\pi G(1-\mu)}\int_0^{2\pi}\int_0^L(x+\zeta)(y-R\cos\theta)\left[\frac{1}{R_5^3}+\frac{3-4\mu}{R_6^3}-\frac{6(H-R\sin\theta)z}{R_6^5}-\right.$$
$$\left.\frac{4(1-\mu)(1-2\mu)}{R_6(R_6+z+H-R\sin\theta)^2}\right]d\zeta d\theta \tag{2-9}$$

$$u_{z2} = \frac{fR}{16\pi G(1-\mu)}\int_0^{2\pi}\int_0^L(x+\zeta)\left[\frac{z-H+R\sin\theta}{R_5^3}+\frac{(3-4\mu)(z-H+R\sin\theta)}{R_6^3}-\right.$$
$$\left.\frac{6(H-R\sin\theta)z(z+H-R\sin\theta)}{R_6^5}+\frac{4(1-\mu)(1-2\mu)}{R_6(R_6+z+H-R\sin\theta)}\right]d\zeta d\theta$$
$$\tag{2-10}$$

式中:$R_5=\sqrt{(x+\zeta)^2+(y-R\cos\theta)^2+(z-H+R\sin\theta)^2}$;$L$ 为盾构机长度;$R_6=\sqrt{(x+\zeta)^2+(y-R\cos\theta)^2+(z+H-R\sin\theta)^2}$;$f$ 为盾壳与土体的摩擦力。

盾壳与地层的摩擦力按盾构上方的正压力乘以盾壳与土体的摩擦系数进行计算,盾构机受到的上方土体正压力顶部最小、底部最大,计算时可近似取隧道埋深处的正压力进行计算,即:

$$f = \mu_s\sigma_h = \mu_s K_0\gamma H \tag{2-11}$$

式中:μ_s 为盾壳与土体之间的摩擦系数,根据既有研究,砂土与钢材的界面摩擦角 δ 为 $23.5°\sim24.0°$,因此摩擦系数 $\mu_s=\tan\delta=0.43\sim0.45$;$\gamma$ 为土体重度;H 为隧道轴线埋深;K_0 为土体静止土压力系数。

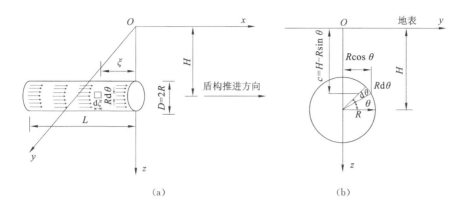

(a)   (b)

图 2-4   盾构外壁摩擦力作用示意图

2.3.3   盾尾地层损失引起的地层位移

对于地层损失引起的地层位移可采用镜像法[37-40]求解,其求解步骤如图 2-5 所示,求解过程如下:

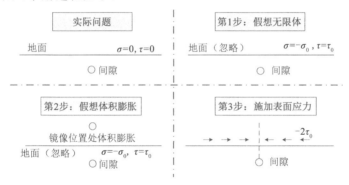

图 2-5   虚像法求解基本步骤

第 1 步,忽略地面,那么问题就变为无限空间内求解间隙产生的位移问题,在原地面位置处产生正应力 σ、剪应力 τ。

第 2 步,在无限空间体中,假想在原间隙镜像位置处有一大小相等的间隙发生体积膨胀,在原地面位置处产生正应力 σ、剪应力 τ。

第 3 步,把第 1 步、第 2 步在地面位置处产生的应力进行叠加,则正应力大小相等、方向相反,相互抵消,剪应力大小相同、方向相同。为了符合实际的自由边界,把产生的附加剪应力以反号的形式施加到半无限空间体的地表位置。

以上三步产生的位移相叠加即为半无限空间体内空隙引起的位移。

本书中,为反映隧道的实际变形情况,引入非均匀收敛边界进行地层损失引起的地层位移场计算,如图 2-6 所示。

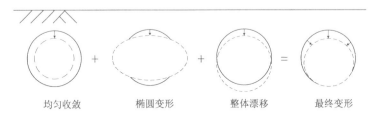

均匀收敛　　　椭圆变形　　　整体漂移　　　最终变形

图 2-6　隧道边界变形

基于 Loganathan(洛甘内森)等提出的隧道径向位移收敛函数,将地层损失沿隧道开挖方向进行积分,可得三维空间的隧道开挖地层损失引起的地层位移场:

$$u_{x3} = \frac{u_\varepsilon(y,z)}{4\pi}\left[\frac{1}{R_7} + \frac{3-4v}{R_8} - \frac{2z(z+H)}{R_8{}^3}\right] \tag{2-12}$$

$$u_{y3} = \frac{u_\varepsilon(y,z)}{4\pi}\left\{\frac{y(R_1-x')}{r_1^2 R_7} + \frac{(3-4\mu)y(R_2-x')}{r_1^2 R_8} + \right.$$
$$\left.\frac{yz(z+H)\left[2x'(3R_2^2-x'^2)-4R_2^3\right]}{r_2{}^4 R_8{}^3}\right\} \tag{2-13}$$

$$u_{z3} = \frac{u_\varepsilon(y,z)}{4\pi}\left\{\frac{(H-z)(R_7-x')}{r_1^2 R_7} - \frac{2z(z+H)^2\left[x'(3R_8^2-x'^2)-2R_8^3\right]}{r_2^4 R_8^3} + \right.$$
$$\left.\frac{\left[(3-4\mu)(z+H)+2H\right](R_8-x')-2(R_8-x')(z+H)}{r_2^2 R_8}\right\}$$

$$\tag{2-14}$$

式中:$r_1 = \sqrt{y^2+(z-H)^2}$;$r_2 = \sqrt{y^2+(z+H)^2}$;$R_7 = \sqrt{x'^2+y^2+(z-H)^2}$;$R_8 = \sqrt{r^2+(z+H)^2} = \sqrt{x'^2+y^2+(z+H)^2}$;$x' = x+L$;$R$ 为隧道开挖半径;$u_\varepsilon(y,z)$ 为隧道洞周位移收敛函数,可按下式计算:

$$u_\varepsilon(y,z) = \frac{4gR+g^2}{4R^2}\exp\left[-\frac{1.38y^2}{(H+R)^2} - \frac{0.69z^2}{H^2}\right] \tag{2-15}$$

式中:g 为盾构隧道间隙参数。其与地层损失率间存在如下关系:

$$\varepsilon = \frac{4gR + g^2}{4R^2} \tag{2-16}$$

综上,盾构施工引起的地层变形可以通过附加推力、盾壳摩擦力和地层损失引起的地层位移叠加得到:

$$u_x = u_{x1} + u_{x2} + u_{x3} \tag{2-17}$$

$$u_y = u_{y1} + u_{y2} + u_{y3} \tag{2-18}$$

$$u_z = u_{z1} + u_{z2} + u_{z3} \tag{2-19}$$

2.4　解析解的验证

本节以依托工程实测数据对推导的盾构施工引起的地层位移解析解进行验证,为后续桩基响应分析奠定基础。

以依托工程绳—六区间第 66 环拼装时的监测数据为例,此时盾构开挖面位于第 72 环处,里程约为 YDK36+778.2。开挖面处地层分布及地层参数如图 2-7 所示。计算时地层弹性模量根据既有研究按 $E_s = 2.5N(\mathrm{MPa})$ 计算,取隧道埋置地层以上各地层弹性模量加权值 $E_s = 24.64\ \mathrm{MPa}$,加权重度 $\gamma = 19.63\ \mathrm{kN/m^3}$。根据实测掘进参数,盾构在右线 60~80 环掘进时,刀盘平均转速为 1.15 r/min,掘进平均速度为 35.4 mm/min。该工程采用的盾构机开挖直径 6.28 m,盾构机长度 $L = 9.0$ m,开口率 40%,闭口部分辐条数 $k = 8$,取土仓附加压力 $\Delta P = 20\ \mathrm{kPa}$,则由式(2-7)计算的刀盘正面附加推力 $P = 94.15\ \mathrm{kPa}$。

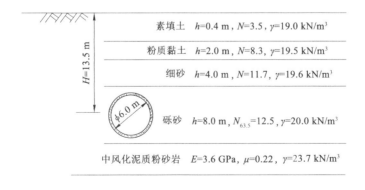

图 2-7　绳—六区间右线 YDK36+778.2 处横断面图

依托工程对区间隧道沿线施工扰动范围内的地表进行了监测。绳—六区间监测点的布置方式有两种：① 只在隧道轴线对应的地表点布置监测点（左线、右线分别是编号为 1 和 2 的监测点）；② 在隧道横断面一定范围内布置监测点，区间沿线监测点布置如图 2-8 所示。

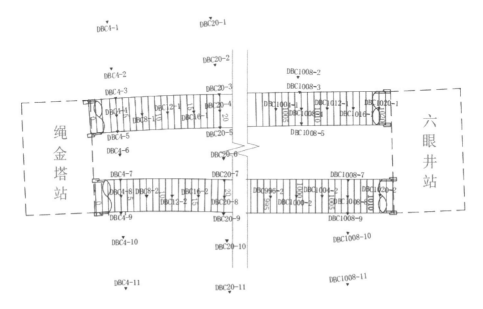

图 2-8　绳—六区间地表沉降监测点布置示意图

图 2-9 所示为开挖面位于右线第 72 环（2018 年 10 月 10 日）时，地表竖向位移监测值与计算值的对比结果，图中选取的纵向测点为 DBC40-2、DBC60-2、DBC68-2、DBC76-2、DBC80-2、DBC92-2 和 DBC100-2，选取的横向测点为 DBC36-3、DBC36-5、DBC36-6、DBC36-7、DBC36-8、DBC36-9、DBC36-10 和 DBC36-11。

采用解析解计算时，地层损失率 ε 取 0.8%。根据设备、控制程度和当地经验，对于均质土，ε 通常为 0.5%～2.0%，其中砂土取 0.5%，软土取 1%～2%。

由图 2-9 可见，当地层损失率取 0.8% 时，地表纵向和横向沉降计算值与实测值均能较好吻合，且沉降槽宽度与实测值基本一致，表明前述解析公式对于该工程盾构施工引起的地层位移计算具有良好的可靠性和准确性。

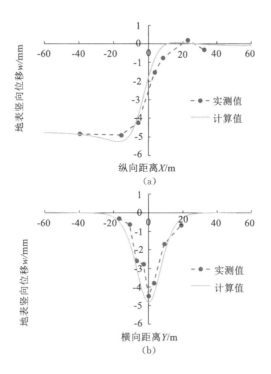

图 2-9　实测值与计算值对比

2.5　盾构施工引起的地层位移场分析

本节以前述验证工况为基本算例,分析盾构施工时各因素引起的地层位移,计算时基本参数同前。

2.5.1　地表竖向位移

(1)地表竖向位移场分布

图 2-10 所示分别为盾构正面附加推力、盾壳与地层摩阻力、盾尾地层损失及其共同作用引起的地表竖向位移 3D 曲面图。图中,X 方向为盾构掘进方向,开挖面位于 $X=0$ 处;Y 方向为横隧道方向,$Y=0$ 处为隧道轴线位置。

由图 2-10(a)和(b)可见,盾构正面附加推力和盾壳与地层摩阻力引起的地表竖向位移分布规律相似,即:在开挖面前方土体发生隆起变形,开挖面后方土体发生沉降,且隆起变形和沉降变形呈反对称布置,最大变形均位于隧道轴线处。由计算结果可知,该工况中盾构正面附加推力引起的地表最大竖向位移为±0.26 mm,盾壳与地层摩阻力引起的地表最大竖向位移为±0.82 mm。

由图 2-10(c)可见,盾尾地层损失及其共同作用引起的地表竖向位移是隧道施工的主要组成部分。其分布特征为:沿隧道纵轴线呈对称分布,最大变形也发生在隧道轴线上方,整体表现为沉降变形,呈现出良好的沉降槽形状。

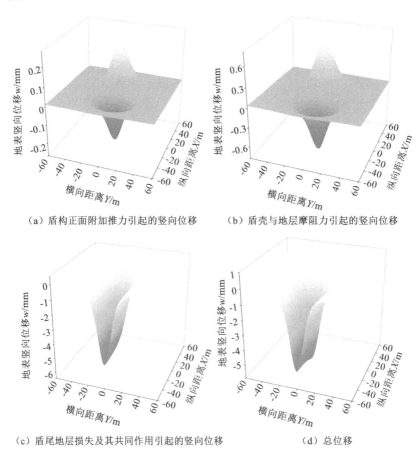

(a)盾构正面附加推力引起的竖向位移　　　（b）盾壳与地层摩阻力引起的竖向位移

（c）盾尾地层损失及其共同作用引起的竖向位移　　　（d）总位移

图 2-10　盾构施工引起的地表竖向位移

图 2-10(d)所示为叠加后的整体位移场,即盾构施工引起的地层实际位移场。由图可见,由于盾壳摩阻力和正面附加推力的作用,在开挖面前方出现轻微隆起,而开挖面后方沉降变形呈勺状分布。

（2）地表纵向沉降

图 2-11 所示为隧道轴线上方盾构施工引起的地表竖向位移曲线。

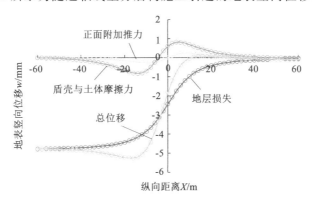

图 2-11　隧道轴线上方地表竖向位移曲线

由图可见,正面附加推力引起的地表竖向位移关于坐标原点呈中心对称分布,在开挖面位置的地表位移为 0,而开挖面前方地表隆起变形量和开挖面后方沉降量值一致。盾壳与土体摩擦力引起的地表竖向位移零点发生在 $-L/2$（L 为盾构机长度）处,为 $X < -L/2$ 的范围内引起地表沉降,而在 $X > -L/2$ 的范围内引起地表隆起。地层损失引起的地表竖向位移分布特征类似于采用累积概率密度曲线,在开挖面处地表沉降值为最大沉降值的 $1/2$,开挖面之后距开挖面越远地表沉降越大,且沉降逐渐趋于稳定。由于正面附加推力和盾壳与土体摩擦力的影响,盾构施工引起的总位移曲线与传统隧道施工引起的地表竖向位移曲线有所差异,即在开挖面前方略有隆起,地表最大沉降值位于盾尾附近,开挖面之后的地表沉降先增大后减小,之后逐渐趋于稳定。

（3）地表横向沉降

图 2-12 所示为距开挖面不同位置处地表竖向位移沿 Y 方向的分布,其中 X 以盾构掘进方向为正。

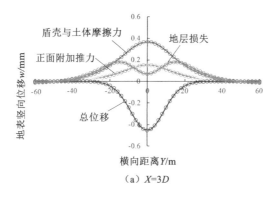

（a）X=3D

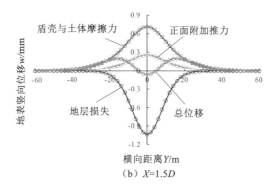

（b）X=1.5D

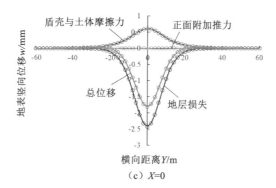

（c）X=0

图 2-12　距开挖面不同位置处地表横向沉降

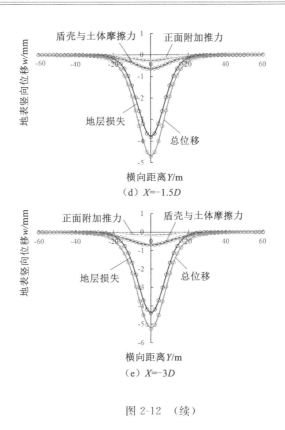

（d）X=-1.5D

（e）X=-3D

图 2-12 （续）

由图可见,各因素引起的横隧道方向地表竖向位移均沿隧道轴线呈对称分布。在开挖面前方（X＞0）总位移呈 M 形分布,在隧道轴线处变形较小,而在两侧出现波峰,且总位移曲线位于地层损失引起的地层变形曲线上方;在开挖面后方,总位移曲线位于地层损失引起的地表变形曲线下方,总位移曲线与地层损失位移曲线分布特征相似,呈典型的沉降槽形状。

2.5.2 地表水平位移

图 2-13 所示为距开挖面不同位置处横隧道方向横向水平位移分布曲线。由图可见:在开挖面前方,盾构正面附加推力、盾壳与地层摩擦力及地层损失引起的横向水平位移在隧道轴线两侧的分布规律相似,轴线两侧总位移包络了各因素各自产生的水平位移;而在开挖面后方,地层损失引起的地层横向水平位移分布规律恰好与正面附加推力及盾壳与地层摩擦力引起的横向水平位移分布规律相反。

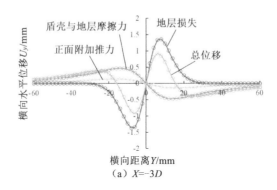

（a）X=-3D

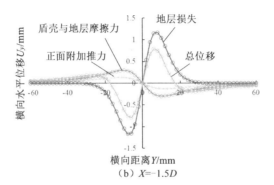

（b）X=-1.5D

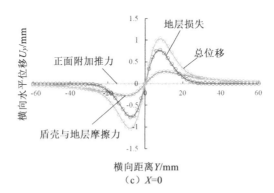

（c）X=0

图 2-13 距开挖面不同位置处横隧道方向地表水平位移

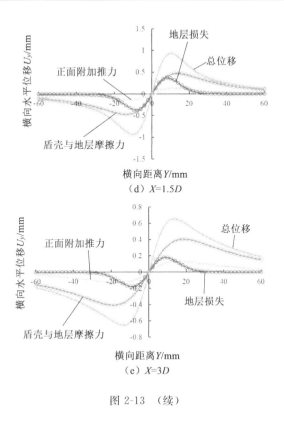

（d）X=1.5D

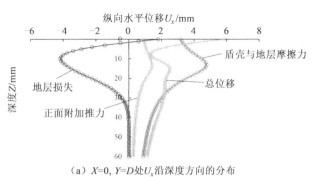

（e）X=3D

图 2-13　（续）

2.5.3　深层土体水平位移

图 2-14 所示为不同条件下纵向水平位移（沿隧道掘进方向）沿深度方向的分布曲线。

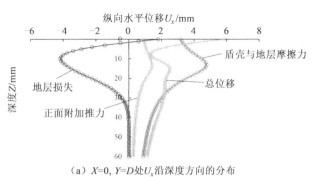

（a）X=0, Y=D处U_x沿深度方向的分布

图 2-14　沿隧道纵向深层土体水平位移分布

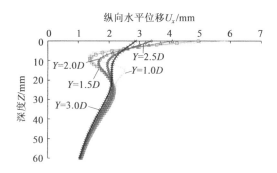

（b）$X=0$时不同Y处U_x沿深度方向的分布

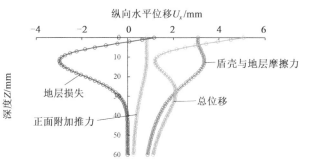

（c）$X=L$, $Y=D$处U_x沿深度方向的分布

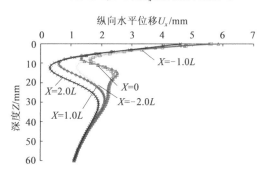

（d）$Y=D$时不同X处U_x沿深度方向的分布

图 2-14 （续）

由图 2-14 可见：地层损失引起的纵向水平位移分布规律与正面附加推力及盾壳与地层摩擦阻力引起的纵向水平位移分布规律恰好相反；在开挖面处（$X=0$），各因素引起的纵向水平位移沿深度方向近似呈抛物线形分布，

由于各因素的共同作用总位移曲线出现凹凸相间分布;随着横向距离的增大,盾构施工引起的纵向水平位移逐渐减小。

图 2-15 所示为不同条件下横向水平位移(横隧道轴线方向)沿深度方向的分布曲线。由图可见:在开挖面处($X=0$),正面附加推力不产生横向水平位移;而盾壳与地层摩擦力和地层损失引起的横向水平位移分布规律相似,横向水平位移沿深度方向呈 S 形分布,在隧道轴线处横向水平位移具有最大值;而随着距开挖面横向距离的增大,总位移整体逐渐减小,总位移曲线形态逐渐由 S 形向倾斜状转变,最大水平位移由隧道轴线处逐渐上移至地表处;在开挖面前方,地层损失引起的横向水平位移与正面附加推力、盾壳与地层摩擦力引起的横向水平位移分布规律相反;在 $Y=D$ 处,距开挖面位置越近,横向水平位移越大。

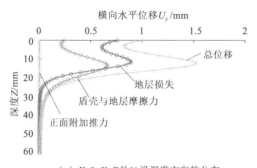

（a）$X=0$, $Y=D$处U_y沿深度方向的分布

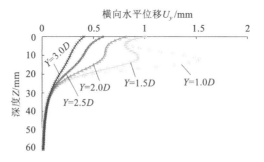

（b）$X=0$时不同Y处U_y沿深度方向的分布

图 2-15　沿隧道横向深层土体水平位移分布

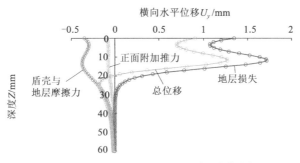

（c）X=L, Y=D处U_y沿深度方向的分布

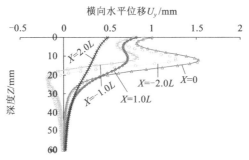

（d）Y=D时不同X处U_y沿深度方向的分布

图 2-15 （续）

2.6 盾构施工参数对地层变形的影响

2.6.1 盾构掘进参数对地表竖向位移的影响

由式（2-7）可见，盾构刀盘参数和掘进参数是影响正面附加推力的主要因素，进而会影响盾构施工时的地层变形。对于既定的盾构隧道工程，在盾构选型后刀盘参数 k 和 ξ 是确定的，因此在施工时影响正面附加推力的主要因素即为盾构掘进速度 v 和刀盘转速 w。本节以地表竖向位移为评价指标，讨论盾构掘进速度和刀盘转速对地层变形的影响。计算分时的基本参数取值同前。

图 2-16 所示为盾构掘进速度对正面附加推力和地表竖向位移的影响。由图可见：正面附加推力及其引起的地表竖向位移均与掘进速度成正比，即随着掘进速度的增大，正面附加推力呈线性增长，同时由正面附加推力引起的地表最大沉降也线性增大，且正面附加推力引起的地表沉降占总沉降的比例也同步增大。由计算结果可知，当掘进速度由 20 mm/min 增大至 80 mm/min 时，正面附加推力由 61.9 kPa 增大至 187.6 kPa，正面附加推力引起的地表最大竖向位移由 0.17 mm 增大至 0.51 mm，附加推力引起的地表竖向位移 $W_{1,\max}$ 占总位移 $W_{\max}$ 的比值由 3.26% 增大至 9.44%。

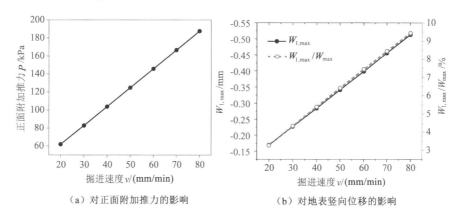

（a）对正面附加推力的影响　　　（b）对地表竖向位移的影响

图 2-16　掘进速度的影响

图 2-17 所示为刀盘转速对正面附加推力及地表竖向位移的影响。由图可见：随着刀盘转速的增大，正面附加推力及其引起的地表竖向位移均非线性减小，正面附加推力及其引起的地表竖向位移呈幂指数关系；并且，随着刀盘转速的增大，正面附加推力引起的地表沉降占总沉降的比值也同步减小。由计算结果可知：当刀盘转速由 0.25 r/min 增大至 2.00 r/min 时，正面附加推力由 361.1 kPa 减小至 62.6 kPa，正面附加推力引起的地表最大竖向位移由 0.99 mm 减小至 0.17 mm，正面附加推力引起的地表竖向位移占总位移的比例由 17.00% 减小至 3.30%。

图 2-18 所示为盾构刀盘转速和掘进速度一定时，正面附加推力引起的地表最大沉降随隧道轴线埋深的变化曲线。由图可见：随着隧道埋深的增大，正面附加推力引起的地表最大竖向位移非线性减小，当埋深增大至一定程度后地表最大竖向位移的减小趋势逐渐减缓；而正面附加推力引起的地

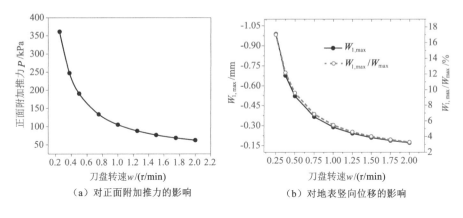

（a）对正面附加推力的影响　　　　（b）对地表竖向位移的影响

图 2-17　刀盘转速的影响

表竖向位移占总位移比例的变化却呈双折线变化,即隧道轴线埋深小于9 m
（$C/D＝1$)时,该比例基本无变化,而当隧道轴线埋深大于 9 m 后,随着隧道
埋深的增大,附加推力引起的地表竖向位移占总位移的比例近似呈线性减
小,由 5.07% 减小至 4.42%。由计算结果可知,当隧道轴线埋深由 6 m 增大
至 24 m 时,正面附加推力引起的地表最大竖向位移由 0.56 mm 减小至 0.
15 mm,减小 73.21%。

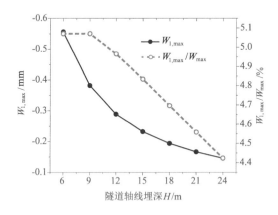

图 2-18　隧道埋深的影响

　　图 2-19 所示为土体弹性模量对正面附加推力及其引起的地表竖向位移
的影响。由图可见:随着土体弹性模量的增大,正面附加推力随之线性增

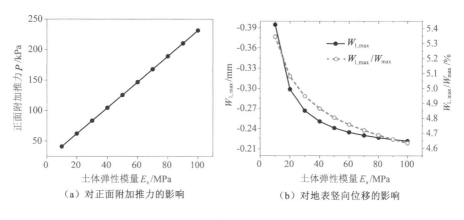

（a）对正面附加推力的影响　　　　　　（b）对地表竖向位移的影响

图 2-19　土体弹性模量的影响

大;而附加推力引起的地表沉降却与土体弹性模量呈非线性关系,即随着土
体弹性模量的增大,正面附加推力引起的地表最大竖向位移非线性减小,且
当土体弹性模量达到一定值后其逐渐趋于稳定;正面附加推力引起的地表竖
向位移占总位移比例的变化也与附加推力的变化基本一致。由计算结果可
知:当土体弹性模量由 10 MPa 增大至 100 MPa 时,正面附加推力由 41.1 kPa
增大至 231.1 kPa,增长462.3%;正面附加推力引起的地表最大竖向位移由
0.39 mm 减小至 0.22 mm,减小 43.8%;正面附加推力引起的地表竖向位移
占总位移的比例由 5.35%减小至 4.63%。

2.6.2　地层损失率对地表竖向位移的影响

由前述分析可知,地层损失引起的地层变形是盾构施工引起地层变位
的最主要部分,本节进一步分析地层损失引起的地层位移变化特征。魏纲
等[43]对国内 71 组盾构施工实测数据进行了分析,指出土体损失率分布范围
为 0.20%～3.01%,其中 95.77% 的实测数据分布在 0.20%～2.0%,
43.66%的实测数据集中在0.5%～1.0%;黏性土地区土体损失率在0.20%～
2.0%。因此,分析时地层损失率取该范围内的值,其他计算参数同前。

图 2-20 所示为不同地层损失率引起的地表最大竖向位移变化曲线及其
所占总位移的比值变化曲线。由图可见:地层损失率引起的地表最大竖向
位移与地层损失率呈正相关关系,即随着地层损失率的增长,其引起的地表
最大竖向位移随之线性增大;而地层损失引起的地表最大竖向位移($W_{3,max}$)

占总位移(W_{max})的比例却与地层损失率呈非线性相关关系:当地层损失率小于1%时,$W_{3,max}/W_{max}$随地层损失率的增大而急剧增长;当地层损失率大于1%时,$W_{3,max}/W_{max}$随地层损失率的增大而逐渐趋于100%,增长趋势明显减缓。由计算结果可知:地层损失率由0.25%增大至2.0%时,$W_{3,max}$由1.49 mm增大至11.95 mm,增长700%,$W_{3,max}/W_{max}$由63.9%增大至99.98%。

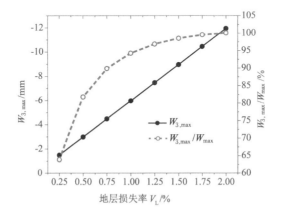

图 2-20　地层损失率的影响

图 2-21 所示为地层损失率为 0.8% 时,由地层损失引起的地表最大竖向位移($W_{3,max}$)及其所占总位移(W_{max})比值随隧道埋深(H)的变化曲线。

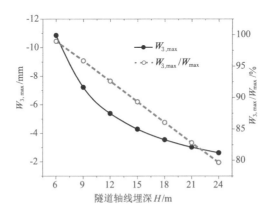

图 2-21　隧道埋深的影响

由图可见:随着隧道埋深的增大,$W_{3,\max}$ 非线性减小,$W_{3,\max}$ 与 H 近似呈幂指数关系,这一变化规律与埋深对正面附加推力引起的地表沉降变化规律一致;但地层损失引起的地表最大竖向位移占总位移比例却与隧道埋深呈线性负相关关系,即随着 H 的增大,$W_{3,\max}/W_{\max}$ 线性减小。由计算结果可知:地层损失率一定时,隧道埋深 H 由 6 m 增大至 24 m 时,地层损失引起的地表最大竖向位移由 10.86 mm 减小至 2.62 mm,减小 75.83%,地层损失引起的地表最大竖向位移占总位移比例由 98.96% 减小至 79.66%。

图 2-22 所示为地层损失率一定时,由地层损失引起的地表最大竖向位移($W_{3,\max}$)及其占总位移($W_{\max}$)比例随土体弹性模量(E_s)的变化曲线。由图可见:土体弹性模量对地层损失引起的地表沉降无影响,这一点也可由式(2-15)看出,即地层损失引起的地表竖向位移与地层弹性模量无关,只取决于地层损失率和隧道埋深;但随着土体弹性模量的增大,$W_{3,\max}/W_{\max}$ 却逐渐增大,并逐渐趋近于 100%,这一变化过程具有明显的非线性,且与土体弹性模量对正面附加推力引起的地层竖向位移的影响恰好相反。由计算结果可知:土体弹性模量由 10 MPa 增加至 100 MPa 时,地层损失引起的地表最大竖向位移始终为 4.78 mm;而 $W_{3,\max}/W_{\max}$ 却由 64.71% 增加至 99.77%。

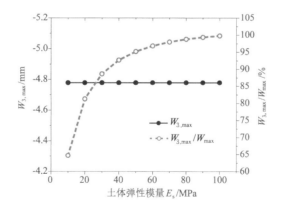

图 2-22 土体弹性模量的影响

2.7 本章小结

盾构施工引起的地层变形是诱发各类施工灾害的内在原因,因此对盾构施工引起的地层变形进行计算和预测是盾构施工最主要的研究内容之一。本章针对这一问题,采用理论解析及现场实测手段对该问题进行了研究,推导了盾构施工引起的地层变形计算公式,并基于现场实测数据验证了计算结果的可靠性,进一步分析了盾构施工引起的地层位移场分布特征及施工参数对地表沉降的影响,所得主要结论如下:

(1)建立了盾构推进的力学模型,将盾构施工引起地层变位因素主要归纳为盾构正面附加推力、盾壳与地层摩擦力及盾尾地层损失三个方面,并基于 Mindlin 基本解给出了各因素引起的地层变形的三维解析解。

(2)基于推导的解析公式计算了盾构在全断面砂层掘进时某一工况下的地表横向沉降和纵向沉降,以现场实测数据为准,验证了解析解的正确性与可靠性。结果表明:当地层损失率为 0.8% 时,解析解与实测值吻合较好,表明解析解是可靠的;同时表明,依托工程在全断面砂层掘进时的地层损失率约为 0.8%,该值略大于砂土中的经验值(0.5%),而略小于黏土中的经验值(1.0%~2.0%),其原因可能是依托工程上覆地层含一定厚度的粉质黏土。

(3)分析了盾构掘进速度和刀盘转速对正面附加推力及其引起的地表竖向位移的影响,结果表明:正面附加推力随掘进速度线性增长,而与刀盘转速成反比,其引起的地表竖向位移的变化规律同自身随掘进速度和刀盘转速的变化规律一致。

(4)分析了地层损失率对地表沉降的影响,结果表明:地层损失引起的地表沉降随地层损失率线性增长,但其所占总沉降比例却与地层损失率呈非线性关系,当地层损失率超过 1% 后,地层损失引起的沉降占总沉降的比例逐渐趋近 100%。

(5)隧道埋深和地层弹性模量对地表沉降有着重要影响,其中:隧道埋深对附加推力引起的地表沉降和地层损失引起的地表沉降影响规律基本一致,即各因素引起的地表沉降均随隧道埋深的增大而非线性减小,埋深越大,地表沉降减缓趋势越慢,并逐渐趋于稳定,而各因素引起的地表沉降占总沉降的比例却随隧道埋深线性减小;附加推力引起的地表沉降随弹性模量的增大而非线性减小,但地层损失引起的地表沉降与土体弹性模量无关,附加推力和地层损失引起的地表沉降占总沉降比例随土体弹性模量的变化规律却恰好相反。

第 3 章　盾构施工引起的邻近桩基附加响应研究

3.1　被动桩分析基本理论

当隧道近接桩基施工时,邻近桩基处于被动受荷阶段,盾构隧道施工扰动引起的地层变形使得桩基周围的土体应力重新分布,进而引起桩基产生附加内力和附加变形[47-49]。盾构隧道施工引起的邻近桩基响应问题属于被动桩课题,其实质是结构与其周围介质的相互作用问题。目前,普遍采用两阶段法对该课题进行理论解答,即:第一阶段先计算盾构施工引起的桩位处自由场土体位移,第二阶段将计算的自由场土体位移以外荷载的形式作用在桩基上,进行桩基响应分析。

其中,对于第一阶段由盾构施工引起的地层位移可根据第 2 章研究成果求得。对于第二阶段的分析,可基于弹性地基梁理论进行桩基附加响应的解答,即将桩基视为位于弹性地基中的弹性直梁。

在地基模式的选择上,既有研究中常采用 Winkler 地基和 Pasternak 地基。其中,Winkler 地基模型由于没有考虑地基弹簧间的剪切作用,不能扩散应力和变形,因而在理论上存在严重的缺陷;Pasternak 地基模型虽然考虑了相邻土弹簧之间的剪切作用,但是既有研究成果中土层剪切参数的确定差异较大,参数确定缺乏理论依据。相对而言,Vlazov 地基模型能弥补 Winkler 模型的不足,且其参数的确定具有严格的理论依据[50-53]。

由于建筑物桩基普遍为一细长结构,可忽略其剪切变形的影响。因此可采用梁理论[54-55]来描述其力学行为。

综上,本研究中为分析盾构施工扰动下邻近单桩的附加变形和内力,采用位移控制的两阶段法进行该课题的理论解答。首先确定盾构施工引起的地层位移场分布,继而以此为主动荷载施加在邻近桩基上,进一步采用弹性地基梁理论建立盾构施工扰动下邻近单桩附加响应分析的 Vlazov 地基-Euler 梁模型,给出桩基附加变形和内力的解析解。

3.2 盾构施工扰动下邻近单桩横向附加响应分析

3.2.1 计算模型及基本方程的建立

本研究建立的盾构施工扰动下邻近桩基横向响应分析的计算模型如图 3-1 所示。仅分析盾构施工时桩基的横向变形,在进行计算分析时做如下假定:

（1）只考虑桩基的弯曲效应,将桩基等效为 Euler-Bernoulli 梁;

（2）桩-土之间的相互作用关系由能反映地基弹性层厚度沿桩基竖向不均匀分布的 Vlazov 地基模型来描述;

（3）桩基与地基土体紧密相贴,其变形与接触处的地基变形协调;

（4）不考虑地基与桩基间的横向摩擦力;

（5）忽略轴力对桩身挠曲变形的影响。

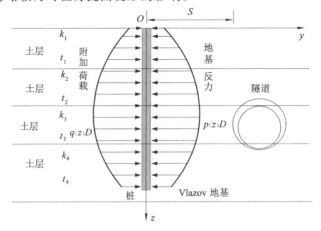

图 3-1　计算模型

在 Vlazov 模型中,地基反力 $p(z)$ 与位移 $w(z)$ 之间的关系为:

$$p(z) = kw(z) - 2t\frac{\mathrm{d}^2 w(z)}{\mathrm{d}z^2} \tag{3-1}$$

式中:k 为地基反力系数;t 为荷载传递率,是作用力对相邻近单元可传性的一种度量。k 和 t 可根据下式确定:

$$k = \frac{E_s(1-\mu_s)}{(1+\mu_s)(1-2\mu_s)}\int_0^{H_e}\left(\frac{\mathrm{d}h}{\mathrm{d}z}\right)^2 \mathrm{d}z \tag{3-2}$$

$$2t = \frac{E_s}{2(1+\mu_s)}\int_0^{H_e} h^2 \mathrm{d}z \tag{3-3}$$

式中:E_s 为土的弹性模量;μ_s 为土的泊松比;H_e 为地基弹性层厚度,根据既有研究成果,取 $H_e = 2.5D_t$(D_t 为桩直径),当桩轴线距隧道边缘的实际距离 $S < 2.5D_t$ 时,H_e 取实际距离 S;$h = h(z)$ 为描述位移变化的函数,它可以呈线性或指数变化,本书中采用线性变化描述:

$$h(z) = 1 - \frac{z}{H} \tag{3-4}$$

式中:H 为隧道埋深。

取长为 $\mathrm{d}z$ 的桩微段进行受力分析,桩微段受力如图 3-2 所示。由图 3-2 建立桩微段的平衡方程:

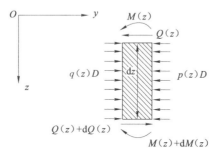

图 3-2　桩微段受力示意图

$$\sum F_y = 0 \Rightarrow q(z)D\mathrm{d}z + Q(z) + \mathrm{d}Q(z) = p(z)D\mathrm{d}z + Q(z) \tag{3-5}$$

$$\sum M = 0 \Rightarrow Q(z)\mathrm{d}z + p(z)D\frac{(\mathrm{d}z)^2}{2} + M(z)$$
$$= q(z)D\frac{(\mathrm{d}z)^2}{2} + M(z) + \mathrm{d}M(z) \tag{3-6}$$

式中:$M(z)$ 和 $Q(z)$ 分别为桩弯矩和剪力;$q(z)$ 为隧道开挖引起的桩位处附

加荷载;D 为桩直径;$p(z)$ 为地基反力,根据 Vlazov 地基理论求得。

式(3-6)略去高阶小量化简后可得:

$$Q(z) = \frac{\mathrm{d}M(z)}{\mathrm{d}z} \qquad (3\text{-}7)$$

将式(3-7)两边对 z 求一阶导数后代入式(3-5)得:

$$-\frac{\mathrm{d}^2 M(z)}{\mathrm{d}z^2} + p(z)D\mathrm{d}z = q(z)D\mathrm{d}z \qquad (3\text{-}8)$$

由 Euler-Bernoulli 梁理论,梁的弯矩和变形之间的关系为:

$$M = -EI\frac{\mathrm{d}^2 w(z)}{\mathrm{d}z^2} \qquad (3\text{-}9)$$

将式(3-1)和式(3-9)代入式(3-8)可得 Vlazov 地基上隧道开挖下邻近桩基横向变形的控制微分方程:

$$EI\frac{\mathrm{d}^4 w(z)}{\mathrm{d}z^4} - 2tD\frac{\mathrm{d}^2 w(z)}{\mathrm{d}z^2} + kDw(z) = q(z)D \qquad (3\text{-}10)$$

3.2.2 控制方程的求解

求解式(3-10)即可求得盾构施工引起的邻近桩基横向变形,进一步结合式(3-9)及式(3-7)可求得桩基横向附加弯矩和剪力。式(3-10)为四阶常微分方程,可采用有限差分法进行求解,将桩基离散为 $(n+4)$ 个单元,桩顶和桩端各为 2 个虚拟节点,单元长度为 λ,如图 3-3 所示。根据标准差分原理,将式(3-10)写成标准差分形式:

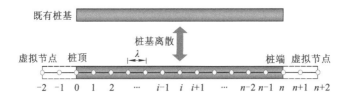

图 3-3　桩基离散

$$\frac{6w_i - 4(w_{i+1} + w_{i-1}) + (w_{i+2} + w_{i-2})}{\lambda^4} -$$

$$\frac{2tD}{EI}\frac{w_{i+1} - 2w_i + w_{i-1}}{\lambda^2} + \frac{kD}{EI}w_i = \frac{D}{EI}q_i \qquad (3\text{-}11)$$

式中:$i = 0, 1, \cdots, n-1, n$;w_i 为节点 i 处桩身水平位移;q_i 为节点 i 处附加荷

载。根据选择的地基模型,附加荷载为:

$$q(z) = ku(z) - 2t\frac{\mathrm{d}^2 u(z)}{\mathrm{d}z^2} \approx k_i u_i - 2t_i \frac{u_{i+1} - 2u_i + u_{i-1}}{\lambda^2} \quad (3\text{-}12)$$

式中:u 为盾构隧道施工引起的桩位处土体自由场水平位移。

由式(3-11)可得 $(n+1)$ 个独立方程,但未知量共有 $(n+5)$ 个,所缺 4 个独立方程可根据桩基两端边界条件给出,假定桩基两端自由:

$$M_0 = M_n = 0 \quad (3\text{-}13)$$

$$Q_0 = Q_n = 0 \quad (3\text{-}14)$$

将式(3-11)写成矩阵形式:

$$\{w\} = ([K_1] - [K_2] + [K_3])^{-1}\{Q\} \quad (3\text{-}15)$$

结合边界条件式(3-13)和式(3-14),解得式中各矩阵表达式如下:

$$[K_1] = \frac{1}{\lambda^4}\begin{bmatrix} 2 & -4 & 2 & & & & \\ -2 & 5 & -4 & 1 & & & \\ 1 & -4 & 6 & -4 & 1 & & \\ & \ddots & \ddots & \ddots & \ddots & \ddots & \\ & & 1 & -4 & 6 & -4 & 1 \\ & & & 1 & -4 & 5 & -2 \\ & & & & 2 & -4 & 2 \end{bmatrix}_{(n+1)\times(n+1)},$$

$$[K_2] = \frac{2D}{EI \cdot \lambda^2}\begin{bmatrix} 0 & & & & \\ t_1 & -2t_1 & t_1 & & \\ & \ddots & \ddots & \ddots & \\ & & t_{n-1} & -2t_{n-1} & t_{n-1} \\ & & & & 0 \end{bmatrix}_{(n+1)\times(n+1)},$$

$$[K_3] = \frac{D}{EI}\begin{bmatrix} k_0 & & & & \\ & k_1 & & & \\ & & \ddots & & \\ & & & k_{n-1} & \\ & & & & k_n \end{bmatrix}_{(n+1)(n+1)},$$

$$\{Q\} = \frac{D}{EI}[q_0, q_1, \cdots, q_{n-1}, q_n]^{\mathrm{T}}_{1\times n+1},$$

$$\{w\} = [w_0, w_1, \cdots, w_{n-1}, w_n]^{\mathrm{T}}_{1\times n+1}。$$

进一步,由式(3-9)及式(3-7)可求得桩基横向附加弯矩和剪力为:

$$M(z) = -EI \frac{\mathrm{d}^2 w}{\mathrm{d}z^2} \approx -EI \frac{w_{i+1} - 2w_i + w_{i-1}}{\lambda^2} \tag{3-16}$$

$$Q(z) = -EI \frac{\mathrm{d}^3 w}{\mathrm{d}z^3} \approx -EI \frac{w_{i+2} - 2w_{i+1} + 2w_{i-1} + w_{i-2}}{2\lambda^3} \tag{3-17}$$

3.2.3 解析解的验证

运用位移控制有限元程序(DCFEM)来分析隧道开挖对邻近桩基的水平响应[56-58],求得桩身水平位移和桩身弯矩。隧道半径 $R = 3$ m,埋深 $H = 20$ m,桩长 $L = 25$ m,桩基直径(简称桩径)$D = 0.8$ m,桩基弹性模量 $E_p = 10\ 000$ MPa,桩隧间距 $S = 4.5$ m。计算时,地基分 2 层土,上层土厚 10 m,弹性模量 $E_{s1} = 12$ MPa,泊松比 $\mu_{s1} = 0.5$;下层土弹性模量 $E_{s2} = 24$ MPa,泊松比 $\mu_{s2} = 0.5$,黏聚力 $c = 15$ kPa,临界状态摩擦角 $\varphi_{cv} = 30°$,容重 $\gamma = 18$ kN/m³,相对密实度 $I_d = 0.8$,土体侧压力系数 $K_0 = 0.5$。本节将通过与其计算结果进行对比,分析本书通过两阶段法求解桩基水平响应算法的正确性,其中第一阶段土体水平自由场位移由第 2 章求得。

图 3-4 为本书计算的桩基水平位移及弯矩与 DCFEM 有限元程序方法计算的结果对比。由图可知,两者求得的桩基水平位移与弯矩随深度变化的曲线能够较好地吻合,最大水平位移及最大弯矩均出现在隧道轴线略微靠上桩基位置处。本书计算结果较有限元法计算结果偏大,两种方法求得

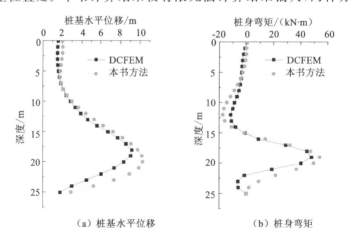

(a) 桩基水平位移   (b) 桩身弯矩

图 3-4　与有限元计算结果的对比

的桩基最大位移分别为 10.28 mm、9.76 mm,两种方法求得的桩身最大弯矩分别为 54.28 kN·m、48.18 kN·m。总体来看,本书计算结果与 DCFEM 方法计算结果趋势基本一致,可以满足工程上的分析需要。

3.3　算例分析

以依托工程绳—六区间盾构隧道为例,分析盾构施工时邻近单桩的横向响应。分析时,基本算例中隧道和既有桩基位置关系如图 3-5 所示。桩基轴线距隧道轴线横向距离 $S_y=6$ m,隧道轴线埋深 $H=13.5$ m,盾构开挖半径 $R=3.14$ m,盾构机长度 $L=9.0$ m,既有桩基直径 $D_t=1.5$ m,桩长 $L_p=18$ m。既有桩基为钢筋混凝土桩,混凝土强度等级为 C30,桩基弹性模量为 3.15×10^4 MPa。地层基本计算参数如图 3-5(a)所示,计算时土体弹性模量按下式取值:

$$E_s = 2.5N \text{(MPa)} \tag{3-18}$$

式中:E_s 为土体弹性模量,MPa;N 为标贯击数。

盾构机参数及掘进参数按 2.4 节计算时取值。

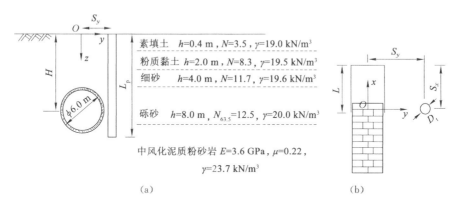

(a)　　　　　　　　　　　　　(b)

图 3-5　基本算例示意图

3.3.1　正面附加推力引起的桩基横向响应

图 3-6 所示为盾构开挖面距桩基轴线不同位置时正面附加推力作用下土体自由场位移及邻近桩基附加变形和内力沿桩身的分布情况。图中,当 x

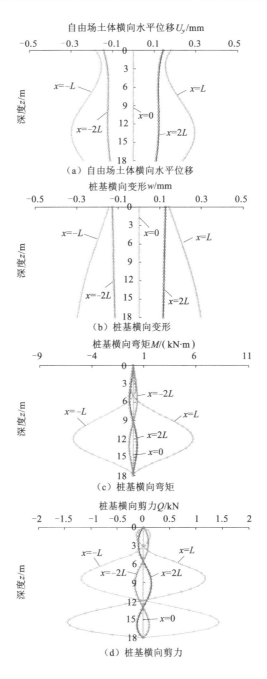

（a）自由场土体横向水平位移

（b）桩基横向变形

（c）桩基横向弯矩

（d）桩基横向剪力

图 3-6　盾构正面附加推力作用下邻近桩基横向附加响应

>0 时,表示盾构开挖面位于桩基所在平面后方;当 $x=0$ 时,表示盾构开挖面位于桩基轴线所在平面处;当 $x<0$ 时,表示盾构开挖面位于桩基所在平面前方,下同。

由图 3-6 可见:① 盾构正面附加推力引起的邻近桩基横向附加变形和内力在盾构掘进过程中呈现出明显的对称性,即开挖面位置距桩基轴线所在平面距离相同时,正面附加推力引起的桩基横向附加变形和内力的量值相同,但方向相反;② 开挖面位于桩基后方时,在正面附加推力作用下,桩基向远离隧道方向变形,而当开挖面位于桩基前方时,桩基则向隧道侧产生横向变形;③ 开挖面距离桩基轴线越近,正面附加推力引起的桩基横向响应越大;④ 随着开挖面的邻近,桩基横向变形分布形态发生改变,横向最大变形逐渐由桩顶向桩端偏移。

由计算结果可知:当开挖面位置分别为 $x=2L,L,0,-L,-2L$ 时,正面附加推力引起的桩基横向最大位移分别为 0.12 mm,0.30 mm,0,−0.30 mm,−0.12 mm;最大正弯矩分别为 0.39 kN・m,5.76 kN・m,0,5.76 kN・m,0.38 kN・m;最大负弯矩分别为 −0.38 kN・m,−0.30 kN・m,0,−0.30 kN・m,−0.38 kN・m;最大剪力(绝对值)分别为 0.16 kN,1.45 kN,0,1.45 kN,0.16 kN。

3.3.2　盾壳与地层摩擦力引起的桩基横向响应

图 3-7 所示为盾构开挖面距桩基轴线不同位置时盾壳与地层摩擦力作用下土体自由场位移及邻近桩基附加变形和内力沿桩身的分布情况。

由图 3-7 可见:① 在盾构掘进过程中,盾壳与地层摩擦力引起的桩基横向附加响应分布规律与正面附加推力引起的横向附加响应分布规律基本一致,在盾构经过桩基前后,邻近桩基横向变形和内力具有对称性;② 当 $x=-L/2$,即盾壳中部位于桩基轴线所在平面时,盾壳与地层摩擦力对桩基无影响;③ 与正面附加推力引起的桩基变形特征一致,当盾构距桩基一定距离时,桩基呈现桩端远离隧道的倾斜变形,而当盾构经过桩基后,其又呈现出桩端向隧道侧偏移的倾斜变形;④ 在数值上,盾壳与地层摩擦力引起的桩基附加变形和内力均要大于正面附加推力的影响。

由计算结果可知:当开挖面位置分别为 $x=2L,L,0,-L,-2L$ 时,盾壳与地层摩擦力引起的桩基横向最大位移分别为 0.30 mm,0.51 mm,0.96 mm,

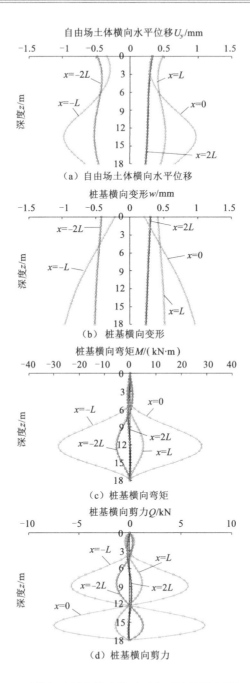

（a）自由场土体横向水平位移

（b）桩基横向变形

（c）桩基横向弯矩

（d）桩基横向剪力

图 3-7　盾构与地层摩擦力作用下邻近桩基横向附加响应

-0.96 mm，-0.51 mm；最大正弯矩分别为 0.21 kN·m，5.21 kN·m，28.06 kN·m，1.11 kN·m，0.93 kN·m；最大负弯矩分别为 -0.79 kN·m，-0.93 kN·m，-1.11 kN·m，-28.06 kN·m，-5.21 kN·m；最大剪力（绝对值）分别为 0.20 kN，1.34 kN，7.45 kN，7.45 kN，1.34 kN。

3.3.3　地层损失引起的桩基横向响应

图 3-8 所示为盾构开挖面距桩基轴线不同位置时地层损失引起的土体自由场位移及邻近桩基附加变形和内力沿桩身的分布情况。

由图 3-8 可见：① 在盾构掘进过程中，在地层损失作用下桩基横向附加变形的方向均为朝向隧道侧，且其沿桩身的分布由桩顶向隧道侧倾斜逐渐转变为在隧道轴线处的凸出变形，横向附加变形曲线近似呈抛物线分布；② 随着盾构的掘进，附加弯矩分布曲线由 S 形转变为钟形，桩身最大弯矩发生于隧道轴线处；③ 当开挖面到达桩基轴线所在平面位置时（$x=0$），地层损失逐渐成为影响桩基横向附加响应的最主要因素，当盾尾通过桩基轴线所在平面时（$x=-L$），地层损失引起的桩基横向附加变形和内力急剧增大。

由计算结果可知：当开挖面位置分别为 $x=2L,L,0,-L,-2L$ 时，盾壳与地层摩擦力引起的桩基横向最大位移分别为 0.39 mm，0.91 mm，2.42 mm，4.28 mm，4.64 mm；最大弯矩分别为 4.59 kN·m，-4.71 kN·m，-126.35 kN·m，-248.12 kN·m，-255.28 kN·m；最大剪力分别为 0.95 kN，-1.83 kN，30.32 kN，59.45 kN，61.05 kN。

3.3.4　各因素共同作用下桩基横向响应

图 3-9 所示为盾构开挖面距桩基轴线不同位置时盾构施工各因素共同作用引起的土体自由场位移及邻近桩基附加变形和内力沿桩身的分布情况。

由图 3-9 可见：① 在盾构掘进过程中，当开挖面位于桩基轴线所在平面后方时，桩基横向附加响应受正面附加推力和盾壳与地层摩擦力的影响较大，而随着开挖面的邻近，地层损失的影响逐渐凸显，成为最主要的影响因素；② 盾尾通过桩基轴线所在平面时，盾构施工对邻近桩基的影响开始达到最大，其后逐渐趋于稳定。

由计算结果可知：当开挖面位置分别为 $x=2L,L,0,-L,-2L$ 时，盾壳与地

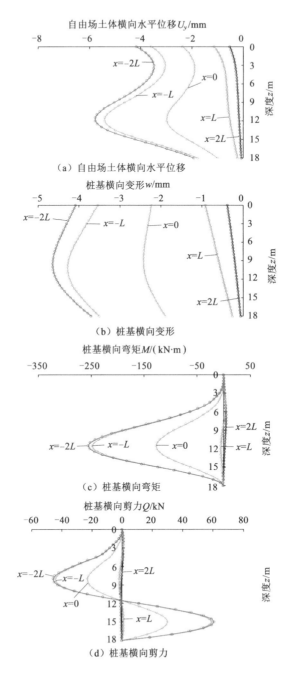

（a）自由场土体横向水平位移

（b）桩基横向变形

（c）桩基横向弯矩

（d）桩基横向剪力

图 3-8　地层损失作用下邻近桩基横向附加响应

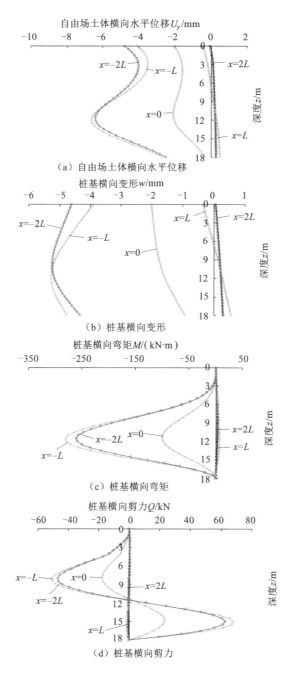

（a）自由场土体横向水平位移

（b）桩基横向变形

（c）桩基横向弯矩

（d）桩基横向剪力

图 3-9　各因素共同作用下邻近桩基横向附加响应

层摩擦力引起的桩基横向最大位移分别为 0.29 mm,0.55 mm,2.01 mm, 5.28 mm,5.25 mm;最大弯矩分别为 3.57 kN・m,6.26 kN・m,−99.01 kN・m, −281.17 kN・m,−260.69 kN・m;最大剪力分别为 0.68 kN,−1.61 kN, 23.16 kN,68.01 kN,62.44 kN。

为反映桩基附加横向响应随盾构施工过程的变化,将桩基附加横向位移、弯矩及剪力进行归一化,记归一化参数为 η:

$$\eta = \frac{w}{w_{max}} = \frac{M}{M_{max}} = \frac{Q}{Q_{max}} \tag{3-19}$$

如图 3-10 所示为随着盾构向前掘进施工,邻近桩基各响应峰值的变化特征。整体来看,盾构施工引起的桩基横向附加变形和附加弯矩及内力的发展规律是一致的,它们随着盾构的掘进所呈现出的发展特征与盾构施工引起的纵向沉降分布曲线一致。随着开挖面的邻近,桩基横向附加响应开始逐渐增大,当开挖面通过后,桩基附加变形和内力增长趋势加快,当盾尾脱出后,各响应达到峰值,其后随着盾构的继续推进,桩基变形和内力又出现一定的回弹,而后逐渐趋于稳定。从影响范围来看,盾构施工对邻近桩基的横向附加影响主要集中在 $2D \sim -3D$ 范围内(正值代表开挖面位于桩基轴线所在平面后方,负值则刚好相反,其中 D 为隧道开挖直径)。但值得注意的是,该影响范围为根据基本算例中桩隧横向间距为 $S_y = 6$ m 时求得,影响范围的进一步确定还需结合桩隧间距的影响进行讨论,详见 3.4 节。

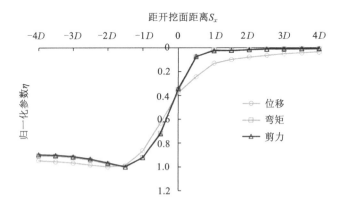

图 3-10　邻近桩基各响应峰值随盾构施工过程的变化曲线

3.4　参数分析

本节以前述基本算例为基础开展盾构施工引起的邻近桩基横向附加响应参数敏感性分析。由前述分析可知,盾尾通过桩基轴线时,邻近桩基横向附加响应达到峰值,因此参数分析时盾构开挖面与桩基纵向距离取 $x=-L$ (盾尾脱出),其余计算参数同前述基本算例一致。此外,为避免地基分层的影响,分析时地基弹性模量取桩长范围内各地层弹性模量的加权平均值。在进行各参数敏感性分析时,其他计算参数按基本算例中取值。

3.4.1　桩隧横向间距的影响

图 3-11 所示为不同桩隧横向间距下,盾尾脱出时邻近桩基的附加变形和内力,以及附加响应归一化参数随桩隧横向间距的变化趋势。

由图 3-11 可见:① 桩隧横向间距对桩基横向变形形态影响较大,当桩隧横向间距较小时,桩基横向变形呈"踢脚"状,沿桩身横向位移明显呈非线性分布,分布曲线在隧道轴线位置处产生明显的转折点,最大变形发生于桩端处;随着桩隧横向间距的增大,桩身变形逐渐由"踢脚"状向抛物线形式过渡,最终当间距增大至一定程度后,桩身变形呈倾斜的直线状,最大变形逐渐由桩端过渡至隧道轴线位置,最后发展至桩顶。② 桩身弯矩和桩身剪力均近似呈 S 形分布。但当桩隧间距较小时,桩身弯矩分布主要集中在隧道轴线附近,相对而言桩身正负剪力分布区较为对称。当桩隧横向间距较小时,桩身最大弯矩位于隧道轴线附近,而最大剪力位置略低于隧道轴线,距桩端较近。③ 整体来看,桩基横向附加变形及内力随桩隧横向间距的变化趋势基本一致,随着间距的增大均呈非线性减小,且内力的减小趋势要明显强于变形的减小趋势。从内力发展趋势来看,盾构对邻近桩基影响的横向范围约为 $0.5D{\sim}2.0D$。

由计算结果可知,桩隧横向间距由 $0.5D$ 增加至 $3.0D$ 时,邻近桩基横向最大水平位移由 8.74 mm 减小至 1.28 mm,减小 85.35%;最大弯矩由 574.58 kN·m 减小至 3.92 kN·m,减小 99.32%;最大剪力由 159.82 kN 减小至 3.92 kN,减小 97.54%。

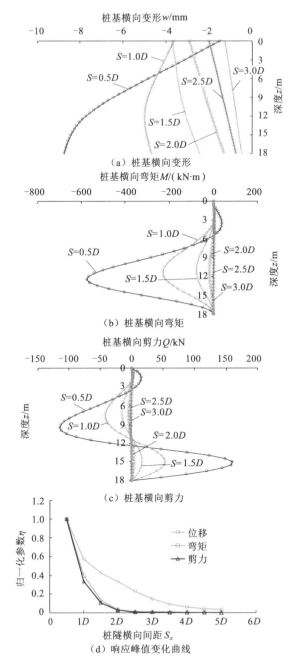

（a）桩基横向变形

（b）桩基横向弯矩

（c）桩基横向剪力

（d）响应峰值变化曲线

图 3-11　桩隧横向间距的影响

3.4.2 桩土相对刚度的影响

图 3-12 所示为不同桩土相对刚度下,盾尾脱出时邻近桩基的附加变形和内力,以及附加响应归一化参数随桩土相对刚度的变化趋势。

由图 3-12 可见:① 整体而言,无论是桩基横向附加变形还是附加弯矩和剪力,对桩土相对刚度的敏感性都较低;桩基弹性模量的变化并未改变桩基附加响应的分布形态,且各响应随桩基刚度的改变量都极小。② 从图 3-12(d)可见,桩基附加变形和内力均随桩土相对刚度近似呈线性变化,但变化趋势恰好相反,即桩基变形随桩土相对刚度的增大而逐渐减小,而弯矩和剪力随之增大。此外,桩基变形的变化趋势较内力的变化趋势更为平缓。

由计算结果可知,桩土相对刚度由 800 增大至 1 500(桩基弹性模量由 1.98×10^4 MPa 增加至 3.70×10^4 MPa)时,邻近桩基横向最大水平位移由 5.29 mm 减小至 5.20 mm,减小 1.70%;最大弯矩由 221.31 kN·m 增大至 258.60 kN·m,增大 16.85%;最大剪力由 53.24 kN 增大至 60.78 kN,增大 14.16%。

3.4.3 桩径的影响

如图 3-13 所示为不同桩径条件下,盾尾脱出时邻近桩基的附加变形和内力,以及附加响应归一化参数随桩径的变化趋势。

由图可见:① 桩径是影响桩基附加响应的重要因素,其对桩基横向附加变形和内力均有重要影响。② 随着桩径的增大,桩身变形分布由钟形逐渐向踢脚状转变,桩身最大变形由隧道轴线附近向桩端转移。③ 随着桩径的增大,桩身弯矩的反弯点逐渐上移,弯矩分布曲线逐渐由 S 形过渡为钟形。④ 桩基变形随着桩径的增大而非线性减小,桩基弯矩和剪力却随桩径的增大而非线性增大;相对而言,桩基横向附加内力及变形对桩径更具敏感性;当桩径大于 1.5 m 后,桩基附加变形逐渐趋于稳定,附加弯矩和内力的增长趋势也逐渐减缓。

由计算结果可知,桩径由 0.5 m 增大至 3.0 m 时,邻近桩基横向最大水平位移由 6.35 mm 减小至 5.52 mm,减小 13.07%;最大弯矩由 24.34 kN·m 增大至 346.40 kN·m,增大 1 323.17%;最大剪力由 7.41 kN 增大至81.88 kN,增大 1 004.99%。

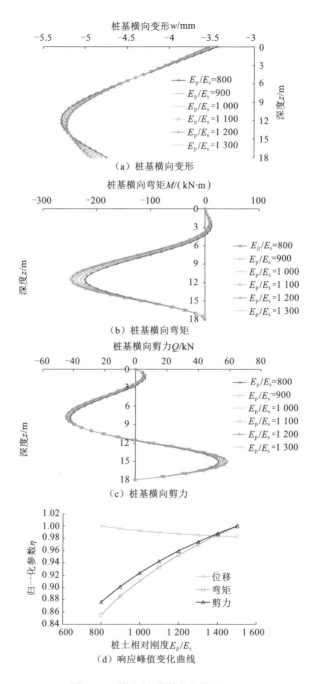

（a）桩基横向变形

（b）桩基横向弯矩

（c）桩基横向剪力

（d）响应峰值变化曲线

图 3-12　桩土相对刚度的影响

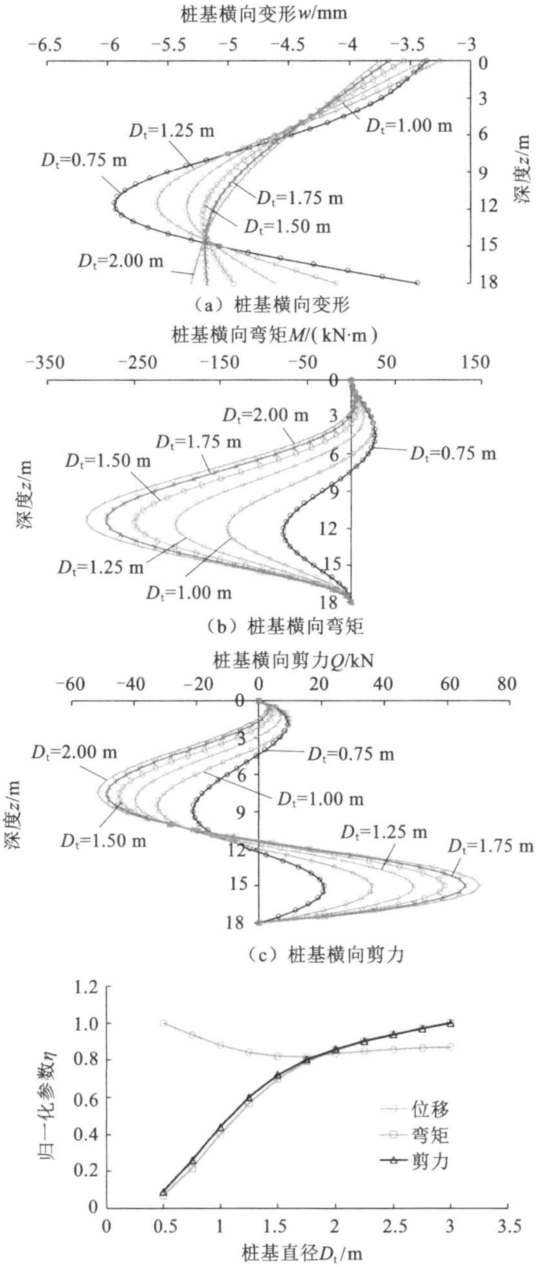

桩基横向变形 w/mm

（a）桩基横向变形

桩基横向弯矩 M/(kN·m)

（b）桩基横向弯矩

桩基横向剪力 Q/kN

（c）桩基横向剪力

（d）响应峰值变化曲线

图 3-13　桩径的影响

3.4.4 桩隧相对深度的影响

图 3-14 所示为不同桩隧相对深度下,盾尾脱出时邻近桩基的附加变形和内力,以及附加响应归一化参数随桩隧相对深度的变化趋势。

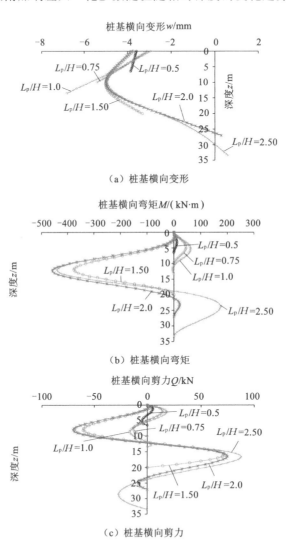

（a）桩基横向变形

（b）桩基横向弯矩

（c）桩基横向剪力

图 3-14　桩隧相对深度的影响

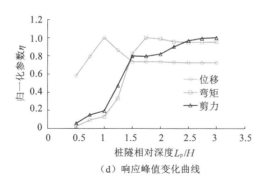

（d）响应峰值变化曲线

图 3-14　（续）

由图 3-14 可见：

（1）以桩隧相对深度 $L_p/H=1$ 为界，桩身变形和内力分布呈现出不同的形态：① 当 $L_p/H<1$ 时，桩身横向变形为桩端朝向隧道侧的踢脚变形，横向位移沿桩身呈线性分布，桩顶最小、桩端最大；桩身弯矩以正弯矩（矩矢方向与盾构掘进方向相反）为主；桩身剪力方向表现为上部背离隧道侧而下部朝向隧道侧。② 当 $L_p/H>1$ 时，桩身横向变形由倾斜的踢脚状转为近似呈抛物线状，最大变形发生位置逐渐上移至隧道轴线附近，但略高于隧道轴线；桩身弯矩急剧增长，且弯矩以负弯矩（矩矢方向与盾构掘进方向相同）为主，最大弯矩（绝对值）出现在隧道轴线处；桩身剪力分布方向发生了反转，桩身上部出现朝向隧道侧的剪力，而下部为背离隧道方向的剪力，在桩端附近又出现朝向隧道侧的剪力。

（2）由图 3-14(d)可见，桩基横向附加变形与内力随桩隧相对深度的变化明显不同，但均呈现出明显的三个阶段：当 $L_p/H<1$ 时，附加响应随桩隧相对深度的增大而线性增大，但内力的增长趋势较缓；当 $L_p/H=1$ 时，桩基横向变形达到峰值；当 $1<L_p/H\leqslant1.5$ 时，桩身附加变形随桩隧相对深度的增大而线性减小，内力增长趋势减缓，而弯矩和剪力开始急剧增长；当 $L_p/H>1.5$ 后，桩身横向最大变形不再随桩隧相对深度的变化而变化，内力也逐渐趋于一稳定值。

综上，参数分析结果表明：桩隧横向间距、桩径及桩隧相对深度为影响盾构侧穿桩基引起的横向附加响应的最主要因素，而既有桩基附加响应对桩土相对刚度的敏感性较低。

3.5 本章小结

盾构近接既有建筑物桩基施工时，会引起邻近桩基的附加变形和附加内力变化，影响桩基安全性和承载能力，继而会威胁上部建筑物的安全。本章针对盾构侧穿既有桩基施工这一课题，采用理论解析方法建立了盾构施工引起的邻近桩基横向附加响应分析模型，并基于既有研究成果验证了所建立的解析方法的可靠性，进一步分析了桩基响应随盾构施工过程的变化特征，讨论了各参数的敏感性。所得主要结论如下：

（1）将既有桩基视为 Vlazov 地基中的 Euler 梁，采用两阶段法建立了盾构侧穿桩基施工引起既有桩基横向附加响应分析的解析计算模型，基于弹性地基梁理论推导了解析模型的控制方程，进一步考虑地基沿桩基深度方向的不均匀性，给出了控制方程的差分解。同时，基于既有研究成果验证了解析模型的可靠性。

（2）以绳—六区间盾构隧道为例，分析了盾构侧穿桩基施工时，桩基响应随盾构掘进过程的变化特征，结果表明：① 正面附加推力和盾壳与地层摩擦力引起的桩基横向响应在盾构开挖面到达桩基轴线所在平面前后具有明显的对称性；② 地层损失是引起邻近桩基横向附加响应的最主要因素，尤其是当盾尾经过桩基轴线位置时；③ 引入归一化参数 η 以表征盾构施工引起的桩基附加响应随盾构施工过程的变化规律，分析发现当盾尾通过桩基轴线所在平面时，桩各响应达到峰值，且既有桩基附加变形和内力的归一化参数随盾构施工过程的分布特征与盾构施工引起的纵向累积沉降曲线类似，以此判断盾构对既有桩基影响的纵向范围为 $2D\sim-3D$（正值代表开挖面位于桩基轴线所在平面后方，负值则刚好相反，其中 D 为隧道开挖直径）。

（3）根据解析模型，分析了桩隧横向间距、桩土相对刚度、桩径和桩隧相对深度对既有桩基附加响应的影响，结果表明：① 桩隧横向间距、桩径及桩隧相对深度为影响盾构侧穿桩基引起的横向附加响应的最主要因素，而既有桩基附加响应对桩土相对刚度的敏感性较低；② 各因素的影响都存在一定的范围，当超过一定值后，桩基附加变形和内力逐渐趋于稳定，根据本研究基本算例的计算结果来看，桩隧横向间距的影响范围为 $0.5D\sim3.0D$，桩径影响范围为桩径小于 1.5 m，桩隧相对深度的影响范围为 $L_{\mathrm{p}}/H\leqslant1.5$。

第 4 章　盾构施工扰动下砾砂层中摩擦桩基承载特性研究

4.1　基本思路及基本假设

盾构施工对邻近摩擦桩基承载特性的影响,实质在于隧道施工会引起周围土体应力场重分布,而导致摩擦桩侧法向正应力和切向剪应力发生变化,继而影响桩侧摩阻力。因此对于盾构施工扰动下邻近摩擦桩基承载力分析的基本思路为:

(1) 隧道施工前,地层内任一点的应力状态由围岩自重生成竖向应力 σ_{v0}'、水平向应力 σ_{h0}',将这些值作为桩基应力状态初始值,可求得初始桩侧阻力 Q_{s0}。

(2) 计算隧道施工后地层内任一点的竖向应力 σ_v'、水平应力 σ_h' 和 τ_{xy}',根据此时的应力状态计算隧道施工后的桩侧阻力 Q_s。

(3) 由此求得摩擦桩基承载力变化为 $\Delta Q_s = Q_{s0} - Q_s$。

考虑实际工程情况及现有基本理论,进行如下基本假定:

(1) 从安全角度出发,不考虑桩土之间的耦合效应,忽略桩基对地层的影响;

(2) 不考虑隧道施工造成的地层扰动对围岩力学参数的影响,即认为隧道施工前后桩土接触面的切向摩擦系数等力学参数不变。

隧道近接桩基施工桩周土体应力状态如图 4-1 所示。图中,x、y 为直角坐标,r、θ 为极坐标;h 为隧道埋深;r_0 为开挖面半径;σ_r、σ_θ 和 $\tau_{r\theta}$ 分别为土体径向应力、环向应力和剪应力;t 为衬砌厚度;l 为桩基长度;x 表示桩基轴线与隧道轴线的水平间距。

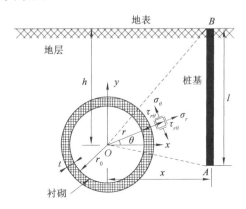

图 4-1   近接施工桩周土体应力状态及桩基与隧道位置关系

通过应力分量的坐标变换式将地层中一点应力状态由极坐标系转换到直角坐标系：

$$\sigma'_x = \frac{\sigma'_r + \sigma'_\theta}{2} + \frac{\sigma'_r - \sigma'_\theta}{2}\cos 2\theta - \tau_{r\theta}\sin 2\theta \tag{4-1a}$$

$$\sigma'_y = \frac{\sigma'_r + \sigma'_\theta}{2} - \frac{\sigma'_r - \sigma'_\theta}{2}\cos 2\theta + \tau_{r\theta}\sin 2\theta \tag{4-1b}$$

$$\tau_{xy} = \frac{\sigma'_r - \sigma'_\theta}{2}\sin 2\theta + \tau_{r\theta}\cos 2\theta \tag{4-1c}$$

对于既有桩基，桩隧间距 x 为一定值，将桩侧竖向应力沿桩身方向积分即可得到桩侧摩阻力，即：

$$Q_s = \pi d \int_l f_s(y)\mathrm{d}y = \pi d \int_l \left[\tau_{xy}(y) + k_s\sigma_x(y)\right]\mathrm{d}y \tag{4-2}$$

式中：d 为桩基直径；$f_s(y)$ 为桩侧摩阻力分布；τ_{xy} 和 σ_x 分别为桩侧土界面处剪应力和水平应力，值得注意的是，根据桩基承载力理论，应采用有效应力计算；$k_s = \tan\delta$ 为桩土界面摩擦系数，δ 为界面摩擦角，既有研究统计结果表明不同桩土条件下 δ/φ（φ 为土体内摩擦角）在 $0.5 \sim 1.0$，由于本书涉及地层主要为砂层，计算时取 $\delta/\varphi = 1.0$。

4.2   浅埋盾构隧道开挖引起的地层应力场计算

有关学者基于 Ariy 应力函数[66-67]，考虑隧道衬砌与开挖面土体两种不同介质的组合作用,推导了浅埋盾构隧道施工引起的地层位移场和应力场分布。其所建立的浅埋隧道力学分析模型如图 4-1(无桩)所示,并做如下假定:

(1)地层土体为各向同性连续介质,且土体和衬砌认为弹性。土体重度为 γ,弹性模量为 E,泊松比为 μ;衬砌弹性模量为 E_s,泊松比为 μ_s。

(2)隧道开挖面为半径 r_0 的圆形。

(3)盾构施工盾尾脱出后洞周变形由盾尾间隙和衬砌自收缩共同作用形成,洞周位移边界为径向均匀收敛变形,变形量为 w,且该值与盾构施工时的地层损失率 $V_1(\%)$ 相关,即:

$$w = \frac{V_1}{100} \cdot \frac{\pi r_0{}^2}{2\pi r_0} = \frac{V_1}{200} r_0 \tag{4-3}$$

(4)忽略土体与衬砌之间摩擦力,即在接触面处:

$$\tau \Big|_{r=r_0} = 0 \tag{4-4}$$

(5)隧道覆径比大于 1.5,以避免地表的影响。

Timoshenko 等从 Airy 应力函数出发,给出了饱和土中不考虑水压力作用的一般解,在如图 4-1 所示坐标系下,可表示 Airy 应力函数为:

$$\Phi = a_0 \ln r + b_0 r^2 + c_0 r^2 \ln r + d_0 r^2 \theta + a_0 \theta +$$

$$\frac{1}{2} a_1 r\theta \sin \theta + (b_1 r^3 + a'_1 r^{-1} + b'_1 r\ln r)\cos \theta - \frac{1}{2} c_1 r\theta\cos \theta +$$

$$(d_1 r^3 + c'_1 r^{-1} + d'_1 r\ln r)\sin \theta + \sum_{n=2}^{\infty} \big[(a_n r^n + b_n r^{n+2} + a'_n r^{-n} + b'_n r^{-n+2}) \cdot$$

$$\cos n\theta \big] + \sum_{n=2}^{\infty} (c_n r^n + d_n r^{n+2} + c'_n r^{-n} + d'_n r^{-n+2})\sin n\theta \tag{4-5}$$

式中:a_x、b_x、c_x、d_x ($x = 0,1,2,\cdots,n$) 为待定常量,由边界条件求得。

在图 4-1 所示的受力简图中,浅埋盾构开挖变形弹性解必须满足平衡方程、变形协调方程和边界条件。考虑浅埋隧道的自由面对开挖面应力及位移的较大影响,并计入隧道衬砌与接触面土体之间的应力、位移关系,得到边界条件如式(4-6)~式(4-8)所示:

$$\tau \Big|_{\theta=\pm\pi/2} = 0 \tag{4-6a}$$

$$U_\theta \Big|_{\theta=\pm\pi/2} = 0 \tag{4-6b}$$

$$\sigma_r^{\text{ground}}\bigg|_{r=r_0} = \sigma_r^{\text{liner}}\bigg|_{r=r_0} \quad\quad (4\text{-}6\text{c})$$

$$\tau_r^{\text{ground}}\bigg|_{r=r_0} = \tau_r^{\text{liner}}\bigg|_{r=r_0} = 0 \quad\quad (4\text{-}6\text{d})$$

$$\sigma'_y\bigg|_{r\to\infty} = -\gamma_b y = -\gamma_b(h - r\sin\theta) \quad\quad (4\text{-}6\text{e})$$

$$\sigma'_x\bigg|_{r\to\infty} = k\sigma'_y \quad\quad (4\text{-}6\text{f})$$

式中：σ_r^{ground} 和 τ_r^{ground} 分别为土体径向应力和剪应力；σ_r^{liner} 和 τ_r^{liner} 分别为衬砌径向应力和剪应力；γ_b 为土体浮重度；k 为土体侧压力系数；其余符号意义同前。

将 Flugge 提出的衬砌位移-应力关系引入边界条件得到：

$$\frac{\mathrm{d}^2 U_\theta^{\text{liner}}}{\mathrm{d}\theta^2} + \frac{\mathrm{d}U_r^{\text{liner}}}{\mathrm{d}\theta} = -\frac{C(1-\mu^2)}{E}r_0\tau_{r\theta}^{\text{liner}} \quad\quad (4\text{-}7\text{a})$$

$$\frac{\mathrm{d}U_\theta^{\text{liner}}}{\mathrm{d}\theta} + U_r^{\text{liner}} + \frac{C}{F}\left(\frac{\mathrm{d}^4 U_r^{\text{liner}}}{\mathrm{d}\theta^4} + 2\frac{\mathrm{d}^2 U_r^{\text{liner}}}{\mathrm{d}\theta^2} + U_r^{\text{liner}}\right) = -\frac{C(1-\mu^2)}{E}r_0\sigma_r^{\text{liner}}$$

$$(4\text{-}7\text{b})$$

式中：U_r^{liner}、U_θ^{liner} 分别为衬砌径向和环向位移；C 和 F 分别为衬砌压缩比和柔性比。C 和 F 值可由下式求得：

$$C = \frac{Er_0(1-\mu_s^2)}{E_s A_s(1-\mu^2)} \quad\quad (4\text{-}8\text{a})$$

$$F = \frac{Er_0^3(1-\mu_s^2)}{E_s I_s(1-\mu^2)} \qu\quad (4\text{-}8\text{b})$$

式中：A_s 为每延米衬砌圆环截面面积；I_s 为每延米衬砌圆环对圆心的惯性矩；其余符号意义同前。

基于以上相关关系，Bobet 给出的地层应力弹性解为：

$$\sigma_r' = \frac{a_0}{r^2} - \frac{1}{2}\gamma_b h(1+k) + \left[\frac{1}{4}\gamma_b r(k+3) - 2c_1'r^{-3} + c_1 r^{-1} + d_1'r^{-1}\right]\cdot$$

$$\sin\theta + \left[\frac{1}{2}\gamma_b h(1-k) - 6a_2'r^{-4} - 4b_2'r^{-2}\right]\cos 2\theta +$$

$$\left[-\frac{1}{4}\gamma_b r(1-k) - 12c_3'r^{-5} - 10d_3'r^{-3}\right]\sin 3\theta \qu\quad (4\text{-}9\text{a})$$

$$\sigma_\theta' = -\frac{a_0}{r^2} - \frac{1}{2}\gamma_b h(1+k) + \left[\frac{1}{4}\gamma_b r(3k+1) + 2c_1'r^{-3} + d_1'r^{-1}\right]\sin\theta +$$

$$\left[-\frac{1}{2}\gamma_b h(1-k) + 6a_2'r^{-4}\right]\cos 2\theta +$$

$$\left[\frac{1}{4}\gamma_{\mathrm{b}}r(1-k)+12c_3{}'r^{-5}+2d_3{}'r^{-3}\right]\sin 3\theta \qquad (4\text{-}9\mathrm{b})$$

$$\tau' = \left[\frac{1}{4}\gamma_{\mathrm{b}}r(1-k)+2c_1{}'r^{-3}-d_1{}'r^{-1}\right]\cos\theta -$$

$$\left[\frac{1}{2}\gamma_{\mathrm{b}}h(1-k)+6a_2{}'r^{-4}+2b_2{}'r^{-2}\right]\sin 2\theta - \qquad (4\text{-}9\mathrm{c})$$

$$\left[\frac{1}{4}\gamma_{\mathrm{b}}r(1-k)-12c_3{}'r^{-5}-6d_3{}'r^{-3}\right]\cos 3\theta$$

式中各参量为：

$$a_0=\frac{1}{2}\frac{\gamma_{\mathrm{b}}h(1+k)(1-\mu^2)CF+2E(C+F)\dfrac{w}{r_0}}{(C+F)(1+\mu)+(1-\mu^2)CF}r_0{}^2,$$

$$c_1=-\gamma_{\mathrm{b}}r_0{}^2,$$

$$c_1{}'=\frac{1}{8}\left(k-\frac{\mu}{1-\mu}\right)\gamma_{\mathrm{b}}r_0{}^4,$$

$$d_1{}'=\frac{1}{4}\frac{1-2\mu}{1-\mu}\gamma_{\mathrm{b}}r_0{}^2,$$

$$a_2{}'=-\frac{1}{4}\frac{(F+6)(1-\mu)}{(1-\mu)F+3(5-6\mu)}\gamma_{\mathrm{b}}h(1-k)r_0{}^4,$$

$$b_2{}'=\frac{1}{4}\frac{2(1-\mu)F+3}{(1-\mu)F+3(5-6\mu)}\gamma_{\mathrm{b}}h(1-k)r_0{}^2,$$

$$c_3{}'=\frac{1}{12}\frac{(1-\mu)F+4(5-4\mu)}{(1-\mu)F+8(7-8\mu)}\gamma_{\mathrm{b}}(1-k)r_0{}^6,$$

$$d_3{}'=-\frac{1}{8}\frac{(1-\mu)F+8}{(1-\mu)F+8(7-8\mu)}\gamma_{\mathrm{b}}(1-k)r_0{}^4。$$

4.3　隧道开挖对摩擦桩基承载力的影响

4.3.1　隧道开挖对周围土体应力的影响

隧道施工会引起周围土体应力状态的改变，形成围岩重分布应力，继而影响位于隧道周边的建（构）筑物。图 4-2 给出了隧道开挖后周围土体的应力分布情况。隧道开挖前，原岩应力场由自重应力生成，土体径向和环向应力分别为 σ_{r0} 和 $\sigma_{\theta0}$，盾构施工后由于地层损失，土体两个方向的应力分量分别为 σ_r 和 σ_θ。为了反映隧道施工对围岩应力场的影响，图 4-2 中采用归一化的应力分量来表示隧道施工对土体应力场的影响,即重分布应力除以相应的原岩应力。

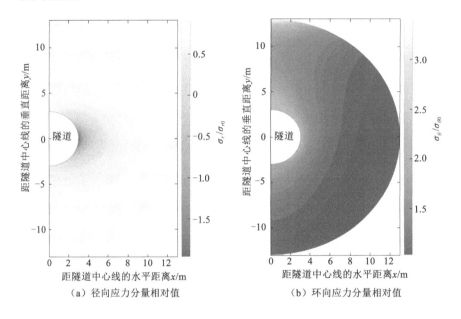

（a）径向应力分量相对值　　　　（b）环向应力分量相对值

图 4-2　盾构隧道施工对土体应力场的影响

　　计算时采用的坐标系如图 4-1 所示,隧道计算断面与 3.3 节算例一致。土体参数按隧道所在砾砂层取值:根据《工程地质手册》中建议的动力触探击数与土体弹性模量的关系,取土体弹性模量 $E=31.25$ MPa,泊松比 $\mu=0.3$,静止侧压力系数 $k=0.32$,土体饱和密度 $\rho_{sat}=2.0$ g/cm³。盾构隧道埋深 $h=13.5$ m,隧道衬砌外径 $r_0=3.0$ m,衬砌厚度 $t=0.3$ m,衬砌管片混凝土等级为 C50,衬砌弹性模量为 $E_s=3.45\times10^4$ MPa,泊松比为 $\mu_s=0.2$。盾构施工引起的地层损失率 $V_l=0.8\%$。

　　由图 4-2 可见,对于浅埋盾构隧道,盾构施工后其应力场分布与深埋隧道存在明显差异。由于 Bobet 等在推导浅埋盾构隧道施工引起的应力场时考虑了衬砌和周围土体之间的相互作用,因此在隧道拱腰附近土体径向应力出现负值,且在隧道衬砌外侧达到最大值,表明由于衬砌的变形,隧道拱腰处土体受到衬砌的挤压应力。相对于径向应力而言,隧道施工后,浅埋盾构隧道周围土体的环向应力明显增大,但归一化应力分布并未呈现出明显的对称性。

图 4-3 所示为盾构隧道施工后,拱腰、拱顶及隧底处径向应力及环向应力随径向距离的变化情况。由图可见:① 在隧道拱腰、拱顶及隧底处,径向应力的变化规律基本一致,整体上均随径向距离的增大而逐渐增大;但在拱腰处,由于隧道衬砌的变形,在衬砌的挤压下径向应力却反而增大。② 拱腰及隧底处环向应力变化规律相近,但拱腰处环向应力的变化略小于径向应力的变化,而隧底处则刚好相反。③ 受洞周收敛变形的影响,隧道拱顶处环向应力变化剧烈,其变化规律明显与其他位置处应力变化不同,沿径向呈拱形分布,在近地表处和隧道衬砌处应力明显增强。

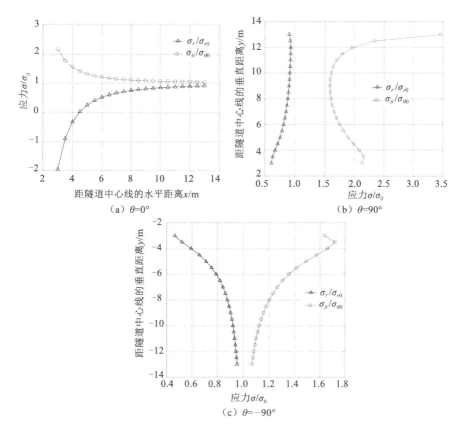

图 4-3 盾构隧道施工后不同位置处应力随半径的分布

由式(4-2)可见,桩基侧摩阻力的主要贡献为水平应力和竖向剪应力。如图 4-4 所示为盾构隧道施工后洞周水平应力和竖向剪应力的分布情况,由图可见：在隧道上方水平应力相较初始应力有所增加，而在隧道水平轴线上下 30°范围内水平应力有所减小；竖向剪应力在隧道水平轴线上下方向相反，较初始应力场（$\tau_{xy}=0$）有所增强。

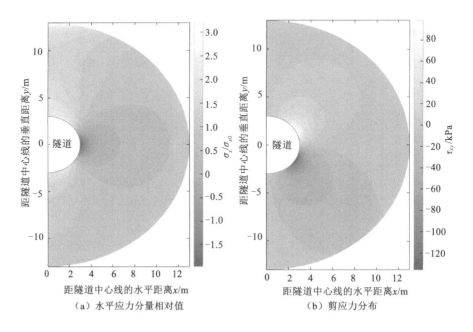

（a）水平应力分量相对值

（b）剪应力分布

图 4-4　盾构隧道施工对土体应力场的影响

4.3.2　隧道开挖对桩身极限侧阻力的影响

根据隧道开挖后的应力场分布，可进一步分析位于隧道周边摩擦桩基侧阻力的变化。为充分分析不同桩隧相对位置关系下，盾构隧道施工对邻近摩擦桩基承载特性的影响，根据图 4-1 中桩隧相对埋深（L/H）将既有桩基分为短桩（$L/H<1.0$）、中长桩（$1.0\leqslant L/H<1.5$）和长桩（$L/H\geqslant1.5$），讨论不同桩隧横向间距时各类摩擦桩基的承载特性。为反映隧道施工对摩擦桩基承载能力的影响，定义摩擦桩基承载力影响因子 R_Q，定义为：

$$R_Q = \frac{Q_s}{Q_{s0}} \tag{4-10}$$

当 $R_Q>1$ 时表示承载力提高，$R_Q<1$ 时表示承载力损失，$R_Q=1$ 时表示承载力无变化。

如图 4-5 所示为盾构施工后,各类桩基承载力影响因子随桩隧横向间距的变化曲线。由图可见:

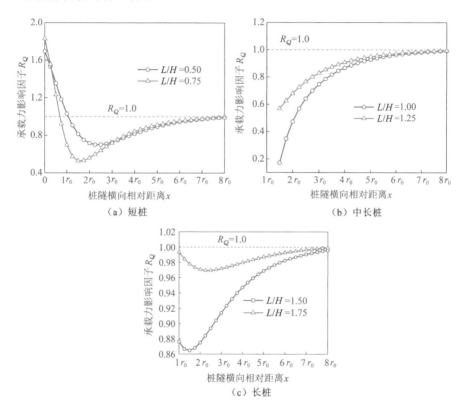

图 4-5　各类桩基承载力影响因子随桩隧横向间距变化曲线

(1)对于短桩而言,当桩基位于隧道正上方一定范围内时,隧道施工后其侧摩阻力反而有所提高,这与既有研究数值计算结果一致,但需要注意的是在这种情况下,桩端承载力会由于隧道上方的土体沉降而迅速丧失;随着距隧道轴线距离的增大,短桩承载力先减小后逐渐增大至初始状态,在距隧道轴线 $r_0 \sim 4r_0$ 范围内承载力损失明显;当 $L/H \leqslant 1.0$ 时,在同一位置处桩长越长,摩擦桩基承载力损失越大,对于算例中的两根短桩而言,承载力影响因子最小值分别为 0.70 和 0.53,分别位于距隧道轴线 $2.25r_0$ 和 $1.5r_0$ 处。

(2)对于中长桩而言,其承载力随桩隧横向距离的变化与短桩和长桩不同,隧道侧穿中长桩施工后,中长桩极限侧摩阻力减小;当 $1.0 \leqslant L/H < 1.5$

时,桩长越短承载力损失越多,承载力损失因子随桩隧横向间距的增大而非线性增长,逐渐趋近于 1.0;根据计算结果,对于 L/H 分别为 1.0 和 1.25 的两根中长桩而言,在桩隧横向间距 $x=1.5r_0$ 处,承载力影响因子最小,分别为 0.17 和 0.57。

(3)对于长桩而言,盾构隧道施工对其承载力影响是最小的,且桩长越长承载力损失越小;长桩的承载力影响因子随桩隧横向间距的变化规律与短桩整体相似,均随桩隧横向间距的增大而先减小后增大,直至趋近于 1.0;根据计算结果,对于 L/H 分别为 1.5 和 1.75 的两根长桩而言,其承载影响因子最小值分别为 0.86 和 0.97,分别位于距隧道轴线 $1.5r_0$ 和 $2.25r_0$ 处。

(4)整体来看,当桩隧相对埋深越接近 1.0,盾构施工后承载力损失越多。

4.4 盾构施工扰动下摩擦桩基承载能力参数分析

4.4.1 桩长的影响

图 4-6 所示为桩隧横向间距为 $1.5r_0$,地层损失率为 0.8% 时,摩擦桩基承载力影响因子随桩长的变化曲线。由图可见:承载力影响因子变化曲线随桩长的增大而呈漏斗状分布,当 $L/H<1.0$ 时,承载力影响因子随桩长的增大而迅速减小,而当 $L/H>1.0$ 时,承载力影响因子随桩长的增大又逐渐增大,并逐渐趋近于 1.0;桩隧相对埋深越趋近 1.0,承载力影响因子变化梯度越大,承载力损失越多;当桩基端部与隧道轴线相平时,即 $L/H=1.0$ 时,

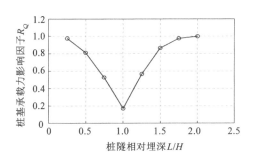

图 4-6 承载力影响因子随桩长的变化曲线

其承载力损失最多,在本算例中此时承载力影响因子 $R_Q = 0.17$,桩基承载力损失 82.9%。

4.4.2　地层损失率的影响

图 4-7 所示为当桩隧横向间距为 $3.0r_0$,桩隧相对埋深 $L/H = 1.0$ 时,摩擦桩基承载力影响因子随地层损失率的变化曲线。由图可见:摩擦桩基承载力影响因子与地层损失率呈线性相关关系,随着地层损失率的增大,摩擦桩基承载力影响因子随之线性减小。在本算例中,当地层损失率仅为 0.4% 时,承载力影响因子为 0.98,而当地层损失率增大至 1.8% 时,摩擦桩基承载力影响因子减小至 0.15,变化 84.7%。

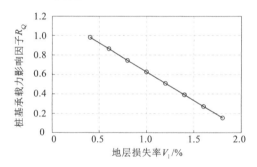

图 4-7　承载力影响因子随地层损失率变化曲线

4.5　本章小结

盾构隧道邻近既有桩基施工时,由于地层应力状态的改变,必然会对既有桩基的受力状态产生影响,若造成邻近摩擦桩基承载力损失,则会严重威胁上部结构的安全性。本章基于盾构施工后地层应力场的解析解,分析了盾构施工对摩擦桩基承载力的影响,所得主要结论如下:

(1)提出了盾构施工对摩擦桩基承载力影响的基本分析思路,即:首先确定盾构施工后地层应力场分布,继而根据摩擦桩基承载力理论进行盾构施工后摩擦桩基承载力计算。

(2)基于 Ariy 应力函数法,考虑衬砌和地层的相互作用关系,给出了浅埋盾构隧道施工后地层应力场分布的弹性解析解,结合一基本算例分析了盾构隧道施工后的地层应力场分布。结果表明:除隧道顶部外,其他点位处地层应力场分布与深埋圆形隧道重分布应力场分布类似,径向应力随半径的增大而逐渐增大至原岩应力场,环向应力则逐渐减小至原岩应力场;由于隧道衬砌的变形,使得洞周拱腰部分区域内的土体受到挤压应力。

（3）根据计算的地层重分布应力,进一步计算了邻近摩擦桩基的极限承载力,定义承载力影响因子 R_Q 以表征盾构施工对桩基承载力的影响。分析结果表明:盾构施工对短桩($L/H<1.0$)、中长桩($1.0 \leqslant L/H < 1.5$)和长桩($L/H \geqslant 1.5$)承载力的影响不同,对中长桩的影响最大、短桩次之、长桩最小;除中长桩外,短桩和长桩承载力影响因子随桩隧横向间距的增大先减小后逐渐趋近于 1.0,呈勺状分布;当地层损失率一定时,盾构对摩擦桩基承载力影响范围主要集中在 $r_0 \sim 4r_0$(r_0 为开挖面半径)区域内。

（4）桩长和地层损失率是影响桩基承载性能的重要因素。桩基承载力影响因子随桩长的增大呈漏斗状分布,当桩端与隧道轴线齐平时,盾构施工对摩擦桩基承载力影响最大,桩基承载力损失最严重;桩基承载力影响因子随地层损失率的增大而减小,两者之间呈线性负相关。

第5章　摩擦桩群扰动条件下典型老旧建筑物安全性分析

5.1　依托工程主要风险源调查

5.1.1　十字街站—绳金塔站盾构区间(简称十一绳区间)

十一绳区间左、右线起讫里程分别为 ZDK35＋907.140～ZDK36＋204.641、YDK35＋907.140～YDK36＋201.101,左、右线盾构线路分别长289.630 m 和 293.960 m,隧道埋深 10.60～11.12 m,线间距为 8.8～14 m,盾构始发出加固体后,主要穿越的地层为细砂和砾砂层。该区间沿线受影响建筑物调查情况详述如下:

(1) 十字街牌楼(图 5-1)

根据访问结果,十字街牌楼始建于 2005 年,基础采用人工挖孔灌注桩基础,桩径 1.2 m,桩长 10.0 m,桩底标高 15.1 m。区间隧道在 ZDK36＋173.52～ZDK36＋176.52 里程处下穿该建筑物,桩底距隧道顶部垂直距离0.26 m,隧道埋深约 10.5 m。

(2) 东坛街 183 号民宅(图 5-2)

该建筑物始建于 1994 年,为地上 8 层框架结构,基础为人工挖孔桩基础,基础距区间右边线水平距离为 1.4 m,桩底距离区间上边缘 1.38 m。区间隧道在 ZDK36＋64.67～ZDK36＋76.51 里程处侧穿该建筑物。该建筑物表观鉴定等级为 Bsu 级。

(3) 十字街 522 号、524 号、526 号、528 号、530 号民宅(图 5-3)

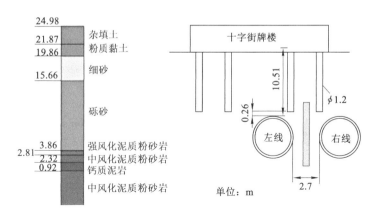

图 5-1 盾构下穿十字街牌楼剖面图

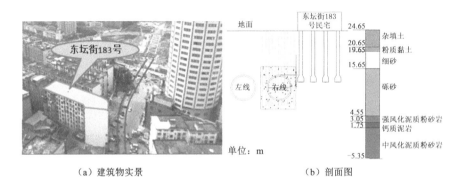

（a）建筑物实景 （b）剖面图

图 5-2 盾构侧穿东坛街 183 号民宅

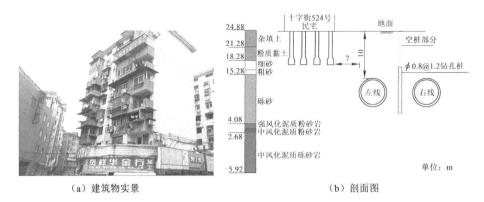

（a）建筑物实景 （b）剖面图

图 5-3 盾构侧穿十字街 524 号民宅

该建筑群始建于 1992 年,结构形式均为地上 8 层框架结构。基础采用人工挖孔桩基础,桩径 0.9～1.7 m,扩底部分桩径为 1.2～2.3 m,桩长约为 8.2 m,桩底标高 15.95 m,桩顶标高 24.15 m,持力层为中砂层;承台高 0.8 m,首层占地面积为 242～612 m²,距离区间左边线为 7.0 m～11.3 m,桩底距离区间上边缘 1.3～1.55 m。该段盾构位于砾砂层中,埋深约 9.8～10.2 m。该建筑物群表观鉴定等级为 Bsu 级。

5.1.2　绳金塔站—六眼井站盾构区间(简称绳—六区间)

绳—六区间左、右线起讫里程分别为 ZDK36＋692.704～ZDK37＋909.604、YDK36＋691.700～YDK37＋909.604,左、右线盾构线路分别长 1 226.515 m 和 1 217.904 m,隧道埋深 8.49～27.18 m,线间距为 11～16 m,盾构始发出加固体后,先后穿越全断面砾砂层、砾砂-中风化泥质粉砂岩复合地层和全断面中风化岩层。该区间沿线受影响建筑物调查情况详述如下:

(1) 鑫辉苑商铺(图 5-4)

该建筑物始建于 2002 年,为地上 5 层砖混结构,人工挖孔桩基础,基础底标高 14.02 m,区间左线在 ZDK36＋777.171～ZDK36＋817.399 里程处侧穿该建筑,平面最小净距 2.5 m,区间隧道在该建筑区域埋深 10.68 m,主要穿越地层为粗砂、砾砂层。该建筑物表观鉴定等级均为 Bsu 级。

(2) 前进路 199 号民宅(图 5-5)

该建筑物始建于 1986 年,为地上 7 层框架结构,人工挖孔桩,区间左线侧穿该建筑,最小平面净距 0.75 m,区间隧道在 ZDK36＋834.721～ZDK36＋847.071 里程处侧穿该建筑,隧道埋深约 12.4 m,主要穿越地层为砾砂层。该建筑物表观鉴定等级均为 Csu 级。

(3) 南昌市造纸厂厂房(图 5-6)

该建筑物始建于 1982 年,为地上 2、3 层混凝土框架结构,条形基础,区间隧道左线在 ZDK36＋855.071～ZDK36＋950.071 里程处下穿该建筑物,穿越最大宽度 3.4 m。区间隧道在该建筑区域埋深 10.77 m,主要穿越地层为粗砂、砾砂层。该建筑物表观鉴定等级均为 Csu 级。

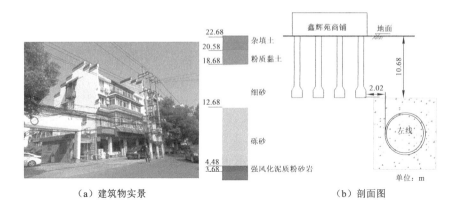

（a）建筑物实景　　　　　　　　（b）剖面图

图 5-4　盾构侧穿鑫辉苑商铺

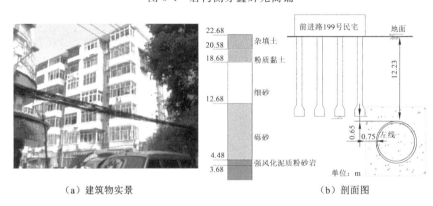

（a）建筑物实景　　　　　　　　（b）剖面图

图 5-5　盾构侧穿前进路 199 号民宅

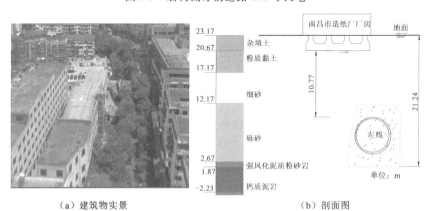

（a）建筑物实景　　　　　　　　（b）剖面图

图 5-6　盾构下穿南昌市造纸厂厂房

（4）南昌市第三医院宿舍 1～3 栋(图 5-7)

南昌市第三医院宿舍 1 栋、2 栋和 3 栋分别始建于 1980 年、1989 年和 1996 年,结构形式均为框架结构,层高分别为 5 层、7 层和 8 层,其中 1 栋和 2 栋为条形基础,3 栋为人工挖孔灌注桩基础。区间隧道左线距该建筑群最小净距分别为 5.2 m、4.4 m 和 6.6 m。盾构穿越区域隧道埋深 19.1～20.2 m,位于上软下硬地层。1 栋和 3 栋建筑物表观鉴定等级分别为 Csu 级和 Bsu 级。建筑物与隧道相对位置关系如图 5-7 所示。

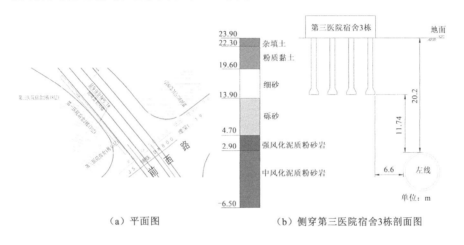

（a）平面图　　　　　　　　（b）侧穿第三医院宿舍3栋剖面图

图 5-7　盾构侧穿南昌市第三医院宿舍

（5）江西省公路运输管理局办公综合用房(图 5-8)

该建筑物始建于 1992 年,结构形式为地上 3 层、11 层框架结构。根据施工图资料,基础采用人工挖孔灌注桩基础,桩径 0.8～1.6 m(扩底 1.4～2.2 m),桩长 8.0 m,桩底标高 14.8 m(桩顶标高 22.8～23.0 m),距隧道最小水平距离为 1.3 m,竖向距离为 14.84 m。下穿区域,隧道位于全断面泥质粉砂岩地层,隧道埋深 25 m,隧道顶部中风化岩覆岩厚度 3.35 m。该建筑物表观鉴定等级为 Bsu 级。

（6）船山路 1 号民宅(图 5-9)

该建筑物始建于 1992 年,为地上 8 层砖混结构。其基础为人工挖孔桩基础,桩长 9～10 m,桩底标高 14.3 m(桩顶标高 24.3 m),距隧道最小水平距离为 3.8 m,竖向距离为 14.2 m。穿越区域隧道位于全断面中风化泥质粉砂岩中,隧道埋深 26.6 m,隧道顶部中风化岩覆岩厚度 5.28 m。该建筑

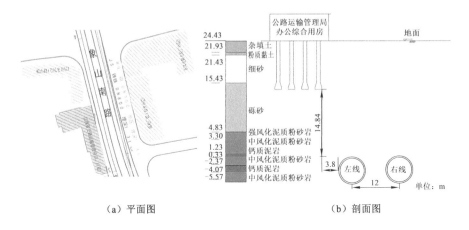

（a）平面图　　　　　　　　　　　　　　（b）剖面图

图 5-8　盾构侧穿江西省公路运输管理局办公综合用房

物表观鉴定等级为 Bsu 级。

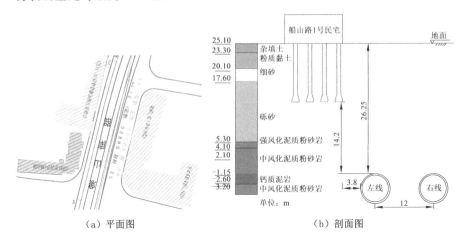

（a）平面图　　　　　　　　　　　　　　（b）剖面图

图 5-9　盾构侧穿船山路 1 号民宅

（7）绳金塔 16～72 号民宅建筑群（图 5-10）

区间隧道在 YDK36＋799.05～YDK36＋909.03 里程处连续侧穿绳金塔街 16 号、24 号、33 号、34 号、54 号、64 号和 72 号民宅。根据调查资料，该民宅建筑群始建于 1994 年，结构形式为地上 8 层混凝土框架结构，基础均为人工挖孔灌注桩，桩长 10 m，桩底标高 11.6 m（桩顶标高 21.6 m）。距隧道水平最近距离仅为 1.8 m，桩基底部距隧道竖向距离最近，仅为 0.2 m，且其中有 5 栋建筑物表观鉴定等级为 Csu 级。穿越区域盾构位于全断面砾砂层中,隧道顶部埋深 11.2～14.4 m。

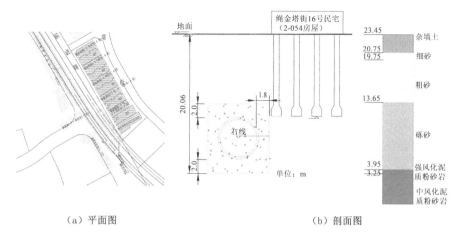

（a）平面图　　　　　　　　　　（b）剖面图

图 5-10　盾构侧穿绳金塔 16～72 号民宅建筑群

（8）锦峰大酒店(图 5-11)

根据调查资料,该民宅建筑群始建于 1998 年。其结构形式为地上 4～6 层、地下 2 层混凝土框架结构,基础采用钻孔灌注桩。右线隧道外轮廓距建筑物外边缘最小净距 12.5 m,桩底距隧道顶垂直距离－3.22 m。穿越区域盾构位于砾砂-泥质粉砂岩复合地层中,隧道顶部埋深约 16.2 m。该建筑物表观鉴定等级为 Bsu 级。

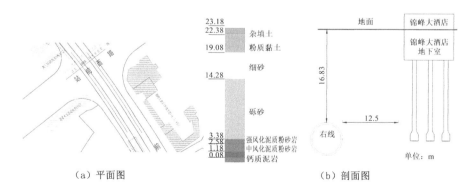

（a）平面图　　　　　　　　　　（b）剖面图

图 5-11　盾构侧穿锦峰大酒店

（9）象山南路 3 号、5 号、7 号民宅(图 5-12)

区间隧道右线在 YDK37+166.590～YDK37+216.509 里程处连续下穿象山南路 3 号、5 号、7 号民宅。根据调查结果,该建筑群始建于 1994—1995 年,结构形式为地上 8 层砖混结构,基础形式为人工挖孔桩基础,桩长 8～10 m,桩底标高 13.4 m,桩顶标高 23.4 m。桩底距隧道拱顶距离分别为 10.68 m、11.18 m 和 11.54 m,区间隧道左线距建筑物桩基最小净距仅为 1.0 m,而右线则全部下穿建筑物。穿越区域隧道位于全断面中风化泥质粉砂岩岩层中,隧道埋深约为 21.62 m,隧道顶部覆岩厚度 0～1.38 m。该建筑物群表观鉴定等级为 Bsu 级。

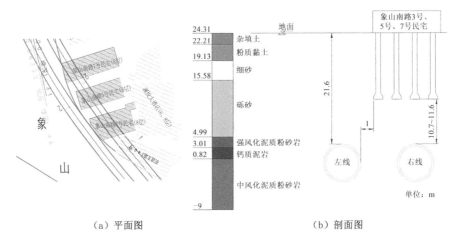

（a）平面图　　　　　　　　　　　　　　（b）剖面图

图 5-12　盾构侧穿象山南路 3 号、5 号、7 号民宅

5.1.3　六眼井站—八一馆站盾构区间(简称六一八区间)

六一八区间左、右线起讫里程分别为 ZDK38+090.109～ZDK38+644.748、YDK38+090.109～YDK38+644.748,左、右线盾构线路分别长 558.511 m 和 555.64 m,隧道埋深 16.1～18.8 m,线间距为 11～17 m。盾构始发出加固体后,主要穿越的地层为中风化泥质粉砂岩层。该区间沿线受影响建筑物调查情况详述如下:

（1）华润万家象山南路 2# 店(图 5-13)

区间隧道右线在 YDK38+95.999～YDK38+103.999 里程处侧穿华润万家象山南路 2# 店。该建筑始建于 1992 年,为地上 8 层框架结构,局部有

地下室。基础采用人工挖孔灌注桩基础,区间隧道右线距建筑物外边缘最小净距为 13 m,桩底距隧道顶部垂直距离仅为 3.46 m。该区域区间隧道埋深 16.2 m,位于中风化泥质粉砂岩、钙质泥岩中,隧道顶覆岩中风化泥质粉砂岩 0.21 m。该建筑物表观鉴定等级为 Bsu 级。

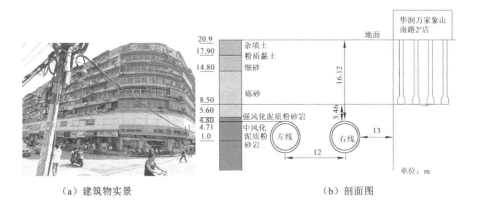

（a）建筑物实景　　　　　　　（b）剖面图

图 5-13　盾构侧穿华润万家象山南路 2$^\#$ 店

（2）象山南路 289 号、291 号民宅（图 5-14）

区间隧道左线在 ZDK38＋300.914～ZDK38＋308.914 里程处侧穿象山南路 289 号、291 号民宅。该建筑群始建于 1995 年,为地上 8 层砖混结构,基础为人工挖孔桩基础,区间隧道左线外轮廓距建筑物外边缘最小净距

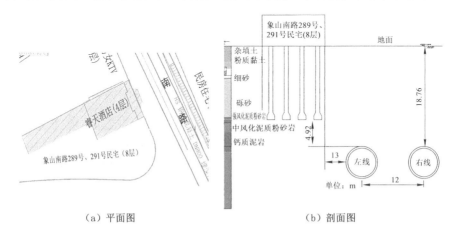

（a）平面图　　　　　　　　　（b）剖面图

图 5-14　盾构侧穿象山南路 289 号、291 号民宅

为 13 m,桩端距隧道顶部垂直距离为 4.92 m。该区域区间隧道埋深 19.04 m,位于中风化泥质粉砂岩、钙质泥岩中,隧道顶部中风化泥质粉砂岩厚度约 4.0 m。该建筑物群表观鉴定等级为 Bsu 级。

(3) 睿天酒店(图 5-15)

区间隧道左线在 ZDK38+328.254~ZDK38+336.254 里程处侧穿睿天酒店。该建筑群始建于 1995 年,为地上 4 层砖混结构,基础为人工挖孔桩基础,区间隧道左线外轮廓距建筑物外边缘最小净距为 7.7 m,桩端距隧道顶部垂直距离为 4.8 m。该区域区间隧道埋深 19.04 m,位于中风化泥质粉砂岩、钙质泥岩中,隧道顶部中风化泥质粉砂岩厚度约 4.81 m。该建筑物表观鉴定等级为 Bsu 级。

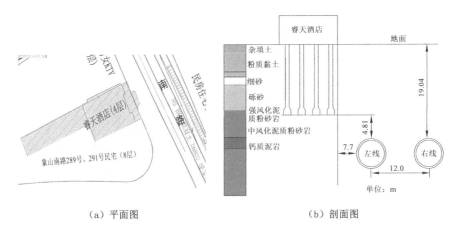

(a) 平面图   (b) 剖面图

图 5-15   盾构侧穿睿天酒店

(4) 象山南路 385 民宅(图 5-16)

区间隧道右线在 ZDK38+395.999~ZDK38+403.999 里程处侧穿象山南路 385 民宅。该建筑群始建于 1985 年,为地上 7 层砖混结构,基础为人工挖孔桩基础,区间隧道右线外轮廓距建筑物外边缘最小净距为 4.5 m,桩端距隧道顶部垂直距离为 6.7 m。该区域区间隧道埋深 18.61 m,位于中风化泥质粉砂岩中,隧道顶部中风化泥质粉砂岩厚度约 4.09 m。该建筑物表观鉴定等级为 Bsu 级。

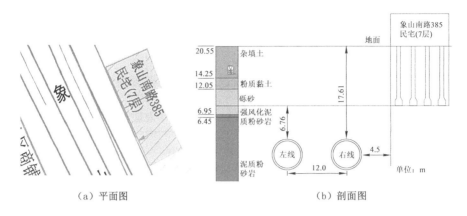

　　　　(a) 平面图　　　　　　　　　　　　(b) 剖面图

图 5-16　盾构侧穿象山南路 385 民宅

5.2　摩擦桩群扰动条件下的建筑物安全性分析

5.2.1　建筑物安全性控制标准

　　由于建筑物的破坏形态非常复杂,不同的结构形式,不同原因造成的破坏形态差异较大,选择合适的评判指标就显得十分关键。目前国内外评定建筑物受开挖影响的破坏程度还没有统一的指标和标准,有的采用地面变形指标,有的采用总变形指标,不同行业的评判标准与方法也不尽相同。

　　我国相关的建筑标准对房屋倾斜破坏的评定做了大量工作,如《建筑地基基础设计规范》(GB 50007)、《危险房屋鉴定标准》(JGJ 125)等均对建筑物的倾斜进行了相关的规定。依托工程盾构施工穿越建筑物以浅层摩擦桩基混凝土框架结构和混凝土砌体结构为主,因此可采用建筑物倾斜值作为控制指标,衡量建筑物的破坏程度。

　　《建筑地基基础设计规范》规定在进行地基变形计算时,应符合下列规定:

　　(1) 由于建筑地基不均匀、荷载差异很大、体型复杂等因素引起的地基变形,对于砌体承重结构应由局部倾斜值控制;对于框架结构和单层排架结构应由相邻柱基的沉降差控制;对于多层或高层建筑和高耸结构应由倾斜值控制;必要时还应控制平均沉降量。

（2）建筑物的地基变形允许值应按表 5-1 规定采用。

结合依托工程盾构施工区域受影响建筑物结构特点，参考规范建议值确定依托工程建筑物倾斜允许值为 2‰。同时根据允许值的 70%、85% 和 100% 划分工程监测预警等级分别为黄色预警、橙色预警和红色预警。

表 5-1 《建筑地基基础设计规范》规定的建筑物地基变形允许值

建筑物类型		允许值/m
砌体承重结构基础的局部倾斜		0.002(中、低压缩性土)，0.003(高压缩性土)
多层和高层建筑物的整体倾斜	$H_g \leqslant 24$ m	0.004
	24 m$<H_g \leqslant 60$ m	0.003
	60 m$<H_g \leqslant 100$ m	0.002 5
	$H_g > 100$ m	0.002

注：H_g 为自室外地面起算的建筑物高度，m。

5.2.2 计算模型及其验证

为进一步分析隧道开挖对邻近建筑物安全性的影响，以依托工程绳—六区间盾构侧穿绳金塔街 16~72 号建筑群为基础，建立盾构侧穿建筑物安全性分析模型。由于既有建筑物年代久远，建筑设计资料匮乏，建模时将其简化为一框架结构。根据探访资料，建筑物高 8 层，建模时层高取 3 m，基础为摩擦桩基，桩长 10 m，承台高 0.8 m，横向宽度约 27 m，基础底板较框架每侧宽出 0.5 m，总宽度为 28 m。侧穿处隧道埋深约 14.8 m，建筑物桩基距隧道外边缘净距为 1.8 m。所建立的分析模型如图 5-17 所示。

数值模型中，地层按邻近位置处钻孔资料建立，并对相似地层进行合并，地层从上至下依次为素填土、细砂、砾砂和中风化泥质粉砂岩。采用 CPE4R 平面应变单元模拟土体，本构关系采用 Mohr-Coulomb 本构，土体计算参数与前述计算模型一致，按表 5-1 取值。采用 B31 梁单元模拟框架梁柱和桩基，梁截面尺寸为 300 mm×500 mm，柱截面尺寸为 450 mm×450 mm，桩基直径为 1.0 m；建筑物底板采用 CPE4R 平面应变单元模拟，底板尺寸为 28 m×0.8 m。计算时结构参数为：上部结构及底板混凝土等级为 C20，桩基混凝土等级为 C30，并考虑刚度的老化折减 20%，弹性模量分别取 20.4

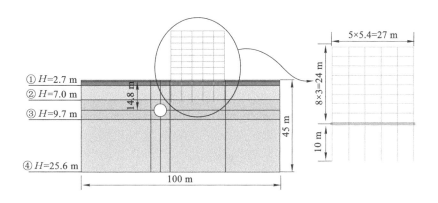

图 5-17　建筑物安全性分析计算模型

GPa 和24.0 GPa,泊松比均取 0.2。

　　在建筑物底板和土体之间建立接触关系,以模拟真实的建筑物-土体相互关系:切向采用摩擦接触,摩擦系数取 $\mu = \tan \varphi = \tan 10° = 0.18$(素填土摩擦角为 $10°$);法向为硬接触。在桩基和周围土体之间建立嵌入约束以简化计算。

　　采用物理意义更为明确的收敛-约束法进行隧道开挖模拟。收敛-约束法实现隧道开挖引起的地层应力释放模拟原理为:在分析步中折减隧道周边单元的节点反力,该折减系数即为隧道开挖引起的应力释放系数。

　　计算工况设置时考虑桩长(桩隧相对埋深)的影响,以建筑物倾斜为评价指标分析不同地表变形条件下(通过改变荷载释放系数实现)建筑物倾斜值的变化情况。

　　为保证数值模型的可靠性,采用相应位置处地表沉降的实测值对数值模型进行校核,以保证后续分析的可靠性。此外,由于简化模型中采用嵌入方法模拟桩土关系,因此有必要对此简化进行对比分析,以说明这种简化模拟方法的合理性。

　　图 5-18 所示为分别采用实体单元模拟桩基并在桩土之间建立接触关系得到的隧道开挖后桩基挠度和弯矩,以及采用梁单元模拟桩基并将其嵌入土体得到的隧道开挖后桩基挠度和弯矩。由图可见,两种模拟方法得到的隧道开挖后桩基变形和内力分布规律相近,尤其是桩基挠度,两者基本一致;而桩身弯矩略有差异,尤其是桩端处差异较大。根据计算结果来看,两

种模拟方法得到的桩身挠度最大值分别为 1.35 mm 和 1.46 mm,仅相差 7.5%;桩身最大弯矩分别为 82.98 kN·m 和 91.24 kN·m,仅相差 9.1%。可见,整体而言,简化模拟方法得到的桩身挠度和内力极值较精细模拟方法,误差均在允许范围以内,表明在进行简化分析时可采用梁单元模拟桩基并将其嵌入土体中的方法进行计算分析,且计算结果有一定程度的保证。

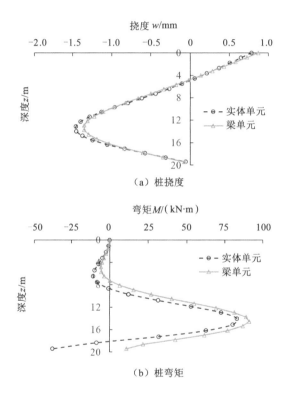

图 5-18　桩基简化模拟方法的可靠性验证

　　图 5-19 所示为采用数值模型得到的地表横向沉降值与绳—六区间隧道右线掘进后第 84 环断面处地表测点 DBCY84-6、DBC84-7、DBC84-8 和 DBC84-9 处的实测值的对比。监测值取盾尾通过监测断面后各测点 10 次测量结果的平均值。由图可见,当荷载释放系数为 0.15 时,数值结果所得地表最大沉降与实测值较为接近,但沉降槽宽度略大于实测值。若采用 Peck 公式对实测数据进行拟合,当沉降槽宽度参数 $k=0.3$ 时,经反演得到的地层

损失率为 0.12%,较一般情况下砂层中盾构隧道掘进时的地层损失率低,主要原因在于依托工程在该区域掘进时,对洞周部分区域土体进行了注浆加固,有效控制了盾构施工时的地层变形。整体而言,数值模型所得计算结果与实测结果较为接近,表明数值模型计算结果具有一定的可靠性,可在此基础上进一步进行盾构施工扰动下建筑物安全性分析。

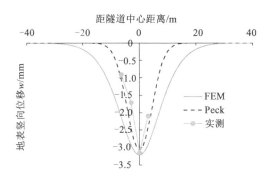

图 5-19　数值模型的可靠性验证

5.2.3　建筑物安全性分析

图 5-20 所示为不同应力释放系数下隧道开挖后地层及建筑物变形云图。由图可见:随着应力释放系数的不断增大,地层变形随之增大,继而使得建筑物倾斜程度不断增大。从建筑物桩基变形特征来看,由于桩基较短(相对于隧道埋深),因此其变形特征表现为桩端朝向隧道方向的倾斜变形,这与第 3 章桩基响应分析结论一致。从隧道施工诱发摩擦桩基建筑物变形机理而言,变形反应链为:地层变形→短桩倾斜→基础底板不均匀沉降→建筑物倾斜。

为进一步以建筑物倾斜为依据,分析不同地层变形条件下建筑物的安全性,选取建筑物底板两端处的节点为建筑物变形监测点,通过计算两测点的差异沉降进一步求得建筑物倾斜值。同时为分析不同工况下建筑物基础差异沉降与地表差异沉降的关系,在基础测点相应位置处设置地表变形测点。建筑物及地表差异沉降测点布置如图 5-21 所示。

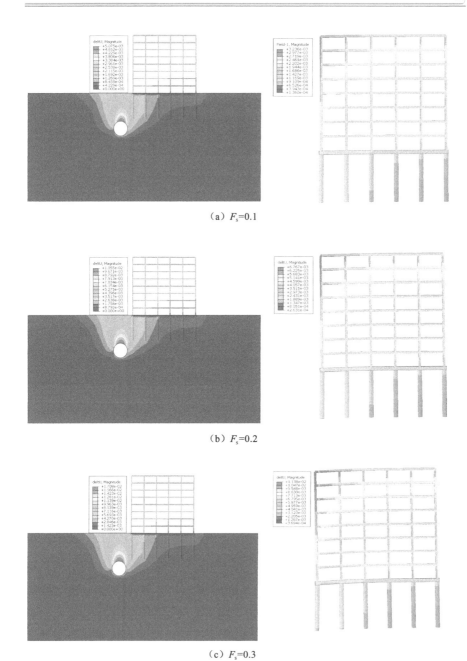

（a）F_s=0.1

（b）F_s=0.2

（c）F_s=0.3

图 5-20　不同应力释放系数下地层及建筑物变形云图

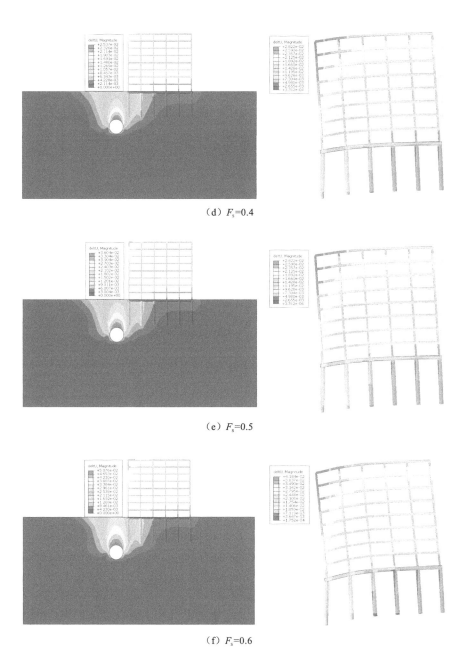

（d）F_s=0.4

（e）F_s=0.5

（f）F_s=0.6

图 5-20　（续）

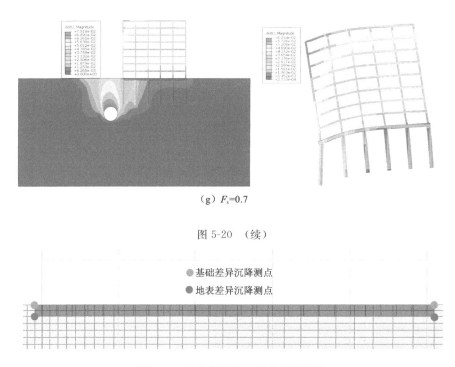

（g）F_s=0.7

图 5-20 （续）

●基础差异沉降测点

●地表差异沉降测点

图 5-21 建筑物及地表差异沉降测点

如图 5-22 所示为不同桩长条件下，所选测点处建筑基础及地表差异沉降随应力释放系数的变化情况。由图可见：① 无论是建筑物基础差异沉降还是地表相应位置处的差异沉降，均随应力释放系数的增大而非线性增大，两者之间可采用幂函数拟合，且各工况下相关系数均大于 0.98；② 当桩长 L_p≤15 m 时，桩隧相对埋深接近 1.0，摩擦桩基建筑物底板两端差异沉降与相应位置处地表差异沉降基本一致，表明该条件下浅层摩擦桩基建筑物与浅基础建筑物变形特征一致，与地表变形呈现出较好的协调性，因此可采用地表差异沉降预测建筑倾斜；③ 当桩长为 20 m 时，桩隧相对埋深约为 1.35 m，建筑物底板差异沉降和相应地表处差异沉降差异明显，且随着应力释放系数的增大，该差异更为明显；④ 随着桩长的增加，相同应力释放系数下建筑物基础差异沉降逐渐减小，应力释放系数为 0.8，桩长分别为 5 m、10 m、15 m 和 20 m，建筑物基础底板处最大差异沉降分别为 58.8 mm、57.2 mm、30.5 mm 和 0.8 mm，可见长桩相较短桩而言更为安全。

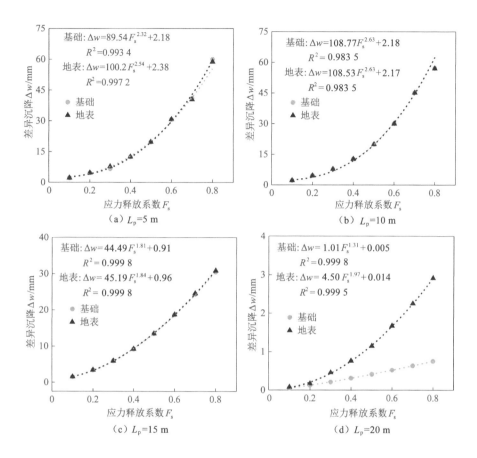

图 5-22　桩长对建筑底板差异沉降的影响

图 5-23 所示为应力释放系数为 0.5 时,不同桩长下有无建筑物时的地表沉降曲线。由图可见:桩长明显地影响了有无建筑物时的地表变形;当桩隧相对埋深比小于 1 时,在相同应力释放系数下,在桩基布设范围内有建筑物侧地表沉降要大于无建筑物侧;当桩隧相对埋深大于 1 时,有建筑物侧地表沉降反而减小,且当桩端超过隧道底部时,桩基布设范围以内建筑物侧地表变形明显得到控制,此时建筑物桩基具有明显的隔离桩效果,有利于建筑物安全控制。

图 5-24 所示为不同桩长条件下,建筑物倾斜值随应力释放系数的变化曲线。由图可见:桩长为 5 m 和 10 m 时,建筑物倾斜值随应力释放系数的

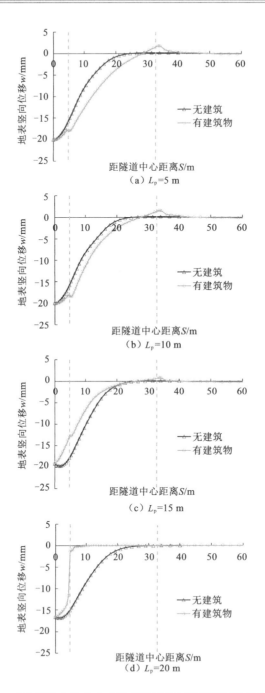

图 5-23　应力释放系数为 0.5 时不同桩长下有无建筑物时的地表沉降曲线

变化基本一致；当桩长为 15 m 和 20 m 时，建筑物倾斜值迅速减小，即使应力释放系数达到 0.8，建筑物倾斜值也均在黄色预警值（1.5‰）以下；当桩长为 5 m 和 10 m，应力释放系数达到 0.8 时，建筑物倾斜值分别为 2.10‰ 和 2.04‰，均超过允许值（2.0‰）。

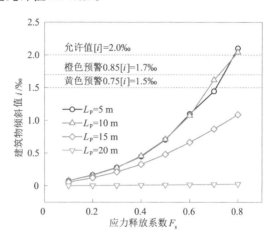

图 5-24　不同桩长时建筑物倾斜值随应力释放系数的变化曲线

5.3　本章小结

本章开展了依托工程穿越建筑物施工时主要风险源调查，然后在多工况分析的基础上讨论了不同地层扰动变形下摩擦桩基建筑物的安全性，所得结论主要如下：

（1）依托工程由于位于南昌市老城区，沿线老旧建筑物众多，各盾构区间均有涉及下穿或侧穿老旧建筑群施工段落。且穿越区域建筑物以住宅居多，基础类型以浅层摩擦桩基为主，桩隧相对埋深（L_p/H）普遍小于1.0。相对而言，由于六—八区间隧道位于全断面岩层中，埋深较大，因而较十一绳区间和绳—六区间施工时对建筑物影响小。

（2）根据《地基基础设计规范》确定了盾构穿越施工时老旧建筑物安全性控制标准，即建筑物倾斜允许值为 2.0‰。进一步采用数值方法，在多工况计算的基础上，分析了不同地层变形条件下摩擦桩基建筑物的变形特征和安全性。计算结果表明：

① 建筑物底板两端差异沉降及相应位置处地表差异沉降与荷载释放系数（或地层损失率）具有良好的幂函数相关关系；

② 当桩隧相对埋深小于1.0时，建筑物基础差异沉降和相应位置处地表差异沉降几乎一致，因此可采用地表沉降曲线预测此类浅层桩基建筑物的倾斜；

③ 当桩端超过隧底时，建筑物桩基对隧道施工引起的地层变形具有良好的隔离效果，有利于建筑物安全。

（3）施工控制措施可分为盾构掘进参数控制、地层处理及建筑物加固三类。首先可通过优化掘进参数减小地层损失，从源头降低盾构施工的影响；接着采用注浆加固地层或设置隔离桩等方式减小或者阻断盾构施工扰动在地层中的传播；最后对建筑物上部结构及基础进行加固，增强其抗变形能力，保证隧道穿越时桩基和建筑物的安全。实际施工时应根据不同的地质条件、周边环境、保护要求等选取适宜控制措施及施工参数。

第6章   富水砾砂层摩擦桩基老旧建筑群段盾构施工地层加固技术研究

6.1   盾构穿越老旧建筑物施工安全控制措施

6.1.1   控制措施实施途径

综合前述计算分析,可从以下三种施工控制措施入手减小盾构施工对邻近桩基和建筑物的影响,如图 6-1 所示:第一种,从盾构机本身进行控制,通过优化掘进参数、改善施工工艺以减小地层损失,从源头降低盾构施工的影响;第二种,从地层入手,通过注浆加固地层或设置隔离桩等方式减小或者阻断盾构施工扰动在地层中的传播;第三种,通过对既有桩基和建筑物进行加固的方式,增强其抗变形能力,保证隧道穿越时桩基和建筑物的安全。第一种为主动控制,后两种为被动控制。

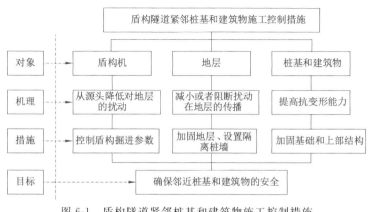

图 6-1   盾构隧道紧邻桩基和建筑物施工控制措施

6.1.2　盾构掘进参数控制

在盾构施工过程中对周围环境有比较大影响的参数有土仓压力、盾构掘进姿态、注浆压力、注浆量、掘进速度、千斤顶推力、刀盘转速、刀盘扭矩等。

对于土压平衡盾构机而言,合理地设置土仓压力是控制盾构施工扰动的关键因素,土仓压力的设置要在平衡开挖面水土压力的基础上预留一定的预备压力,防止开挖面的坍塌,并根据现场地表沉降监测数据及时调整。在推进过程中,一方面要根据盾构推进速度选择相匹配的螺旋机转速及闸门开度,另一方面要使用足量的添加剂保证土体的塑流性以确保土仓压力的动态稳定。

在盾构施工过程中,受地质条件、隧道线路变化以及操作技术等因素的限制,盾构机难以按照线路设计轴线推进,会产生一定的偏差,当偏差过大时,会使得隧道衬砌侵限,盾尾间隙减小而使得盾构管片局部受到较大应力,并且导致土体损失加大而使地表发生过大沉降,因此必须采取相应的措施控制掘进方向以及及时进行纠偏。现在常用自动导向系统以及人工测量辅佐的方式监测盾构掘进姿态,并根据分段轴线拟合控制计划、自动导向系统的反馈信息、结合实际地层条件分区控制盾构机的推力,确保盾构掘进方向的正确。当偏差过大时,需采用盾构刀盘反转法纠正滚动偏差,加大一侧推进力的方法纠正竖向或者水平偏差。

在管片脱出盾尾后,要及时在管片背后进行同步注浆以填充盾尾空隙,控制土体位移减小地表沉降。应根据地质条件、地下水环境和周围情况选取注浆材料和配合比,并通过现场试验确定最优的配合比,保证浆液质量。注浆量应大于理论计算值,但也不宜太大,否则会对隧道周围土体造成劈裂效果,扰动过大,最终会影响土体后期固结沉降和隧道自身沉降,一般为计算值的 1.4～2.0 倍。注浆压力一般也应高于理论计算值,这样才能把浆液更好地压入空隙内,一般为静水压力的 1.0～1.2 倍,要以同步注浆量和注浆压力双重标准控制注浆质量。同时根据现场反馈的监测数据,辅以二次注浆的措施,改善同步注浆效果。二次注浆要注意注浆位置和注浆压力,一般为两点注浆,特殊情况可选择多点注浆,并采用少量多次的方式进行。

盾构推进速度对周围环境有较大影响,当穿越桩基和建筑物时,应适当减慢推进速度,减小土体的应力释放,降低对建构筑物的扰动。

合理选取千斤顶推力与刀盘转速是保证刀具顺利切削地层的关键。推力过小,不能很好地切削地层,推力过大则会导致盾构管片破裂,发生渗漏水现象,使地下水流失,引起地面沉降,千斤顶最大推力是根据分组千斤顶的压力确定的,一般取管片混凝土强度的一半作为分组千斤顶压力的上限。而刀盘转速要根据所穿越地层条件控制,地层较硬时,应适当提高转速以便充分切削地层,但也不宜过大,过大则会加剧对地层扰动。无论何种千斤顶推力和刀盘转速,都必须与其他参数例如推进速度、刀盘扭矩、泡沫注入等有机协调起来,才能达到理想的效果。

6.1.3　地层处理

对于地层的处理一般有两种方法,一种是地层加固法,另一种是隔离法,其原理都是减小或者阻断盾构施工扰动。

(1) 地层加固法

在实际工程中,地层加固法根据加固区域的不同可分为对盾构隧道穿越区周围土体的加固和对桩基、建筑物周围土体的加固;根据加固原理的不同,又可分为注浆加固和冻结加固。

注浆加固主要有静压注浆法及高压旋喷注浆法。静压注浆法加固地层实质是利用压力(液压、气压)或者电化学原理,通过注浆管把浆液注入地层中,填充地层中空隙或者裂缝,待浆液凝固后形成强度高、防渗性好的整体。该方法浆液扩散范围广、浆液利用率高、注浆固结体强度高、对于砂砾石或者砂卵石地层应用效果好,具体施工方法有钻杆注浆、套管护壁注浆、边钻孔边注浆、袖阀管注浆等,其中袖阀管注浆可控性较好。高压喷射注浆法是利用注浆管喷嘴喷射高压喷流,切割土体,与浆液搅拌混合,凝固后形成强度更大的固结体。此方法适用于淤泥、湿陷性黄土、黏性土、砂类土地层条件,有单管、双管、三管、多管等形式。工程中需要根据地层条件选取合适的注浆方式、注浆材料、注浆范围、注浆压力等参数。

冻结加固是一种采用人工制冷技术把地层水结成冰,使土体变成冻土,提高土体强度的方法,该方法安全可靠,可隔绝地下水,在地下水丰富情况采用较多,但同时也存在冻胀沉融现象。

(2) 隔离法

隔离法是在盾构隧道穿越施工之前,在隧道和桩基、建筑物之间设置隔离桩或者隔离墙,从而把盾构施工造成的土体变形阻隔掉,减小对桩基和建筑物的影响的方法,常见的隔离形式有地下连续墙、钻孔灌注桩、高压旋喷桩、钢板桩等,应根据地质条件、经济性、保护要求以及施工场地空间大小进行合理选择。该方法保护效果也不错,但采用隔断措施的前提是隧道与桩基、建筑物间有适宜的施工空间,因为隔离桩、隔离墙的施工扰动比注浆加固要大得多,隔断设施的施工也会对桩基和建筑物造成较大影响。实际工程中,若隧道与桩基、建筑物距离过近,桩基和建筑物保护要求较高,则不宜使用该方法,倘若采用该方法时,也要注意采取相应的措施,因为这也属于近接施工。

6.1.4 建筑物加固

建筑物加固的形式主要有两种,一是对下部基础进行加固,二是对上部结构进行加固。

（1）基础加固

基础加固的方法主要包括基础补强注浆、加宽基础、加深基础、桩基托换等。当基础出现开裂现象,强度和刚度不足的情况,可对基础进行注浆加固,但要注意注浆压力的控制:注浆压力过小,基础裂缝未能填满;注浆压力过大,加大裂缝宽度。在施工前要进行试验性注浆,结合原基础强度和黏结强度选取适宜的参数。当地基承载力不足时,可加设混凝土套或是钢筋混凝土套增大基础底面积,使基础强度和变形满足使用要求,必要时可把独立基础改成条形基础、十字交叉条形基础、筏形基础或者箱形基础。当地基中有软弱膨胀性土等强度不高的土体时,可在基础下方开挖槽坑,浇筑混凝土,加大基础高度提高基础强度。当原有基础严重破坏无法使用或者桩基侵入盾构隧道开挖范围,可考虑采用增设新的桩基础托换原基础的形式进行基础加固,桩基可采用锚杆静压桩、压入桩、灌注桩、树根桩等,施工方法一般先施作新桩,浇筑托换梁,并用植筋等方式连接托换梁和承台,再在新桩和托换梁间放置千斤顶实现上部结构荷载的转换,最后用钢板代替千斤顶,浇筑混凝土使托换梁和新桩连接紧密。该方法施工复杂,成本较高。

（2）上部结构加固

上部结构加固的方法主要有增大截面积、粘贴钢板、外包型钢、外加预应力、增设支点等。

增大截面积法一般是在构件的受拉区增设钢筋、在受压区增注混凝土，以增强构件的刚度和承载力。对于受弯、受拉、大偏心受压构件，可在构件表面粘贴钢板进行加固，在加固构件和钢板间一般用环氧树脂的黏结剂进行黏结。外包型钢加固法即用环氧树脂配制成的黏结剂，把焊接而成的型钢框架黏结在梁柱等构件的四周，使之成为一个整体，以提高构件的承载力和延性。这三种方法是直接加固法，比较常用。

预应力加固法一般在受弯的混凝土构件上适用，通过外加预应力产生相应的负弯矩以抵消部分荷载弯矩，减小构件挠度，防止开裂。增设支点法一般用于大跨度结构，是一种改变结构受力方式和体系的方法，通过加设柱子或者别的托架来增加支点，减小跨度，从而减小变形，提高构件承载力。这两种方法是间接加固法。

6.2　地层加固数值分析

基于 5.1 节依托工程主要风险源调查结果可见：由于绳—六区间隧道埋深较浅，盾构掘进里程最长，因此沿线涉及风险源最多，其中尤以区间隧道右线在 YDK36＋799.05～YDK36＋909.03 里程处连续侧穿绳金塔街 16号、24号、33号、34号、54号、64号和 72 号民宅最为典型，该段落多处建筑物表观鉴定等级为 Csu 级，盾构施工风险较高。本节以该区域盾构侧穿施工为代表工况，分析盾构施工对邻近摩擦桩基老旧建筑物的影响规律。

6.2.1　计算模型及计算参数

数值模型所选工点为绳—六区间隧道侧穿绳金塔街 24 号民宅，区间盾构隧道与既有民宅的空间位置关系如图 6-2 所示，隧道埋深 15.54 m，双线轴线间距 12 m。绳金塔街 24 号民宅平面尺寸为 27.0 m×9.4 m，距右线边缘最小距离为 4.9 m，上部为 8 层混凝土框架结构，下部为人工挖孔桩基础，桩长 12 m，桩径 1 m。根据岩土勘察报告，该盾构区间地层从上至下分别：杂填土、细砂、粗砂、砾砂、强风化泥质砂岩、中风化泥质砂岩，盾构隧道全断面穿越砾砂层。在盾构隧道穿越民宅施工前，在右线隧道外径上下 2 m、左右 1.5 m 范围做袖阀管加固，加固纵向范围取建筑物前后端 10 m 内隧道所

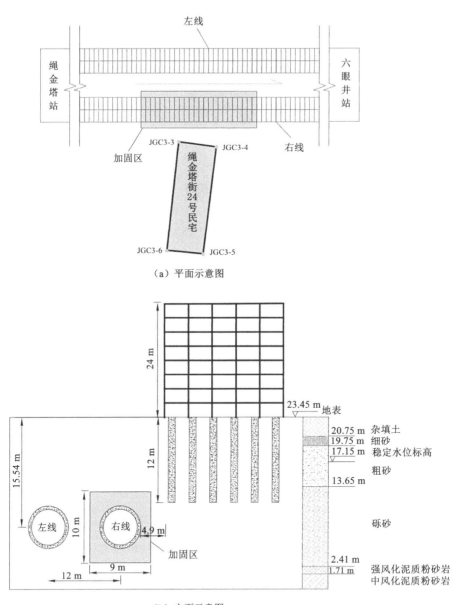

（a）平面示意图

（b）立面示意图

图 6-2　盾构隧道与既有民宅的空间位置关系

处地层。

数值模型中盾构隧道管片外径 6.0 m,内径 5.4 m,厚度 300 mm,宽度 1.2 m,采用 C50 混凝土,考虑衬砌接头对管片刚度的削弱效应,管片刚度需折减 15%。

民宅每层高 3 m(包括板厚),横向为 5 开间、间距 5.4 m,纵向为 2 开间、间距 4.7 m,框架梁尺寸为 300 mm×500 mm,板厚 120 mm,柱子尺寸为 450 mm×450 mm。建模时把墙体折算成 5 kN/m 的线荷载作用在梁上,1～8 楼楼板均布荷载为 2 kPa,楼顶均布荷载为 0.2 kPa。上部框架采用 C20 混凝土浇筑,桩基础采用 C30 混凝土浇筑,计算时考虑建筑物老化将刚度折减 20%。

模型中地层采用摩尔-库仑模型,盾壳、隧道衬砌、同步注浆区(即后文所述的等代层)、袖阀管注浆加固区、建筑物梁板柱、桩基础均采用线弹性模型。地层、等代层、袖阀管注浆加固区采用实体单元模拟,盾壳、隧道衬砌、建筑楼板采用板单元模拟,建筑框架梁、立柱、建筑桩基采用梁单元模拟。地层参数取值如表 6-1 所示,其他参数取值如表 6-2 所示。

表 6-1　地层计算参数

地层	厚度 h/m	重度 γ/(kN/m³)	弹性模量 E_s/MPa	泊松比 μ	黏聚力 c/kPa	内摩擦角 φ/(°)	侧压力系数 K_0
杂填土	1.8	19.0	9	0.35	8	10	0.54
粉质黏土	1.5	19.5	21	0.33	40	18	0.49
细砂	4.5	19.6	29	0.30	—	28	0.43
砾砂	11.5	20.0	50	0.28	—	30	0.39
强风化岩	1.8	22.0	3 000	0.23	40	25	0.30
中风化岩	23.9	23.7	3 600	0.22	660	36	0.28

表 6-2　结构参数取值

结构名称	密度 γ/(kN/m³)	弹性模量 E/GPa	泊松比 μ
盾壳	78.5	210	0.3
隧道衬砌	25.0	29.3	0.2
建筑框架(梁板柱)	25.0	20.4	0.2

表 6-2(续)

结构名称	密度 $\gamma/(kN/m^3)$	弹性模量 E/GPa	泊松比 μ
桩基础	25.0	24.0	0.2
等代层	20.0	0.06	0.25
袖阀管注浆加固区	22.0	0.25	0.25

在保证计算精度及计算效率的基础上,建立的盾构-围岩-建筑物的三维数值模型如图 6-3 所示,模型尺寸为:长 60 m(沿隧道开挖方向),宽 120 m(垂直隧道开挖方向),高 50 m(沿地层深度方向)。模型侧面约束水平位移,底部为固定边界,上表面为自由边界,共划分 56 972 个单元,41 673 个节点。

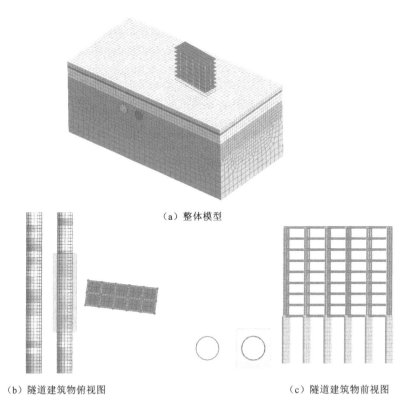

(a)整体模型

(b)隧道建筑物俯视图

(c)隧道建筑物前视图

图 6-3 三维数值模型

6.2.2　盾构隧道施工过程模拟

（1）同步注浆

在盾构机施工过程中，在盾尾管片脱出后，由于盾构机刀盘的超挖间隙、装配管片所需的操作间隙、盾构机壳的厚度三个因素将会在盾构管片和土体间产生盾尾间隙。为了减小施工扰动，控制地层变形，在盾构掘进过程中将会采取同步注浆对盾尾间隙进行填充。但是实际工程中，由于地层向盾尾间隙道的移动程度、注浆体注浆后的分布情况、隧道围岩壁面受扰动的范围和程度等情况过于复杂，难以确定，因此在建模过程中通常将注浆体简化为均质的、弹性的、等厚的等代层处理。等代层的厚度 δ 可由式（6-1）确定。

$$\delta = \mu\Delta \qquad (6\text{-}1)$$

式中：Δ 为盾尾间隙的理论计算值；μ 为折减系数，取值范围为 $0.7 \sim 2.0$，对于极软土层取上限值，对于硬土层取下限值。

对于本工程而言，根据盾构穿越地层条件及施工扰动范围及程度取等代层厚度为 100 mm，弹性模量为 60 MPa，泊松比为 0.25，采用线弹性体模拟，并根据实际施工情况取注浆压力为 300 kPa。

（2）土仓压力

对于土压平衡盾构机而言，掌子面的稳定一般依靠于密封土仓的土仓压力平衡掌子面前方的水土压力，并且考虑到盾构刀盘切削土体使土体剥落而导致土仓压力不稳定的情况，为了防止掌子面坍塌，根据施工经验，一般会预留 $10 \sim 20$ kPa 的预备压力，所以土仓压力一般按照式（6-2）确定。

$$P_0 = P_c + P_w + P \qquad (6\text{-}2)$$

式中：P_0 为土仓压力，P_c 为土压力，P_w 为水压力，P 为预备压力。其中 $P_c = \sum(K_0\gamma_i z_i)$，$P_w = \gamma_w h$，$K_0$ 为土体静止侧压力系数，γ_i 为第 i 层土的重度，z_i 为第 i 层土的厚度，γ_w 为水的重度，h 为地下水位距盾构刀盘的高度。

通过计算取土仓压力为 200 kPa 均布施加于开挖面土体上。

（3）盾壳与地层摩擦力

盾构掘进过程中，盾构机和地层发生相对运动而产生摩擦力，会使盾构机周围土体由于剪切作用而向前运动，延伸到地表则表现为地表隆起或者沉降。盾壳和地层间的摩擦力计算公式为：

$$f = \mu_s \sum (\gamma_i z_i) \tag{5-3}$$

式中，μ_s 为盾构机与地层的摩擦系数，其他符号意义同前。

通过计算得到的摩擦力为 153 kPa。

（4）施工步序

计算时共设置两种隧道施工方案，对比地层加固与不加固条件下结果。模型施工步设置为初始地应力平衡—建筑物与荷载激活—地层注浆加固（对于未进行地层加固工况此步省略）—右线隧道推进—左线隧道推进，对前 3 个施工步的位移清零并保留应力计算结果，从第 4 个施工步开始计算累计变形。本模型为提高计算效率，每个开挖步开挖 2 环管片即 2.4 m 的土体单元。其中对于盾构隧道掘进过程，MIDAS/GTS 中利用刚度迁移以及激活、钝化单元来进行模拟。具体过程为：对第 3 环土体施加掌子面压力模拟土仓压力，激活第 1 环、第 2 环的盾壳，并施加摩擦力，钝化第 1 环、第 2 环土体模拟开挖过程；依此类推往前开挖；当开挖到第 9 环、第 10 环时，钝化第 1 环、第 2 环的盾壳，激活第 1 环、第 2 环的等代层和衬砌，并施加同步注浆压力，注浆压力仅存在于这一步；而后依此类推往前开挖，施作衬砌并进行同步注浆。

6.2.3　计算结果分析

（1）地层位移分析

图 6-4 所示为对右线隧道周围地层进行袖阀管注浆加固前后左右线隧道掘进过程地层的竖向变形云图。由图可知，当隧道开始开挖后，由于土体固结及孔隙水压力消散，隧道上方土体发生沉降，并延伸至地表，隧道底部土体发生回弹，向上位移。随着隧道往前掘进，地层发生变形的区域也随之往前扩展，在左线隧道开挖过程中，沉降区域逐渐从右线隧道上方往左线隧道上方过渡。在整个开挖过程中，注浆加固区附近的土体变形明显变小，当双线隧道开挖完成后，对于未进行注浆加固的工况来说，沉降发生区域在左线隧道和右线隧道间呈长条带状分布，而注浆加固后，沉降发生区域沿开挖方向呈现"两头大，中间小"分布，凸向隧道左线。

选取隧道轴线纵向 4.8 m［图 6-2(a)第 84 环管片所处的监测断面］及 30 m 处的横断面作为分析断面，对加固地层前后的地表沉降进行分析，计算结果如图 6-5 所示。

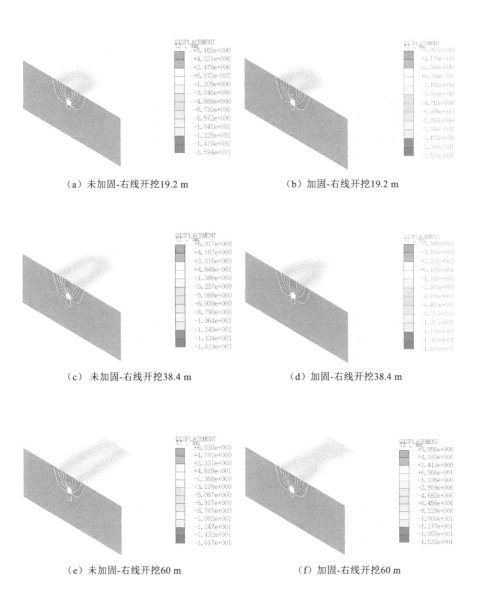

（a）未加固-右线开挖19.2 m　　　　　（b）加固-右线开挖19.2 m

（c）未加固-右线开挖38.4 m　　　　　（d）加固-右线开挖38.4 m

（e）未加固-右线开挖60 m　　　　　（f）加固-右线开挖60 m

图 6-4　加固地层前后不同开挖步下地层沉降云图

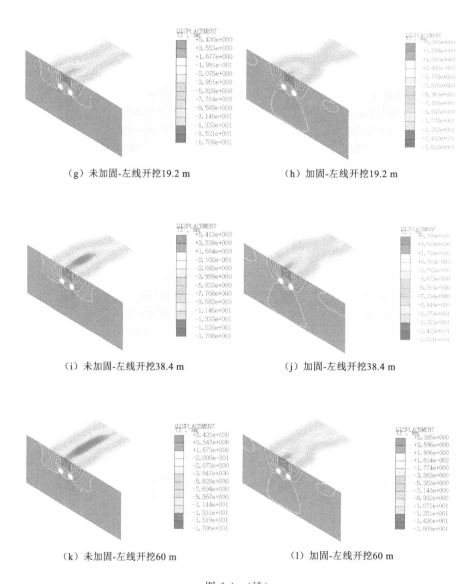

（g）未加固-左线开挖19.2 m　　　　（h）加固-左线开挖19.2 m

（i）未加固-左线开挖38.4 m　　　　（j）加固-左线开挖38.4 m

（k）未加固-左线开挖60 m　　　　（l）加固-左线开挖60 m

图 6-4　（续）

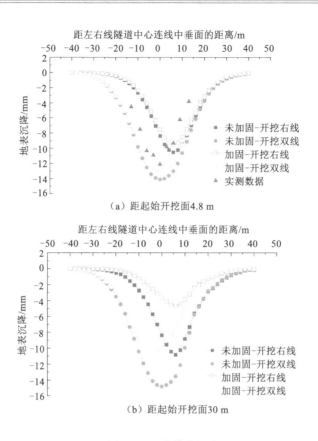

（a）距起始开挖面4.8 m

（b）距起始开挖面30 m

图 6-5　地表横向沉降

由图 6-5 可知,地表沉降曲线呈 U 字形,符合"Peck"曲线分布,并与实测数据有较好的拟合度。当右线隧道开挖完成时,地表沉降最大值出现在右线隧道正上方,当左线隧道开挖完成后,地层受二次开挖扰动,沉降值变大,沉降槽宽度加宽,最低点往左移动。对于距起始开挖面 4.8 m 处的横断面而言,由于离注浆加固区较远,沉降减小不明显,注浆加固前后沉降最大值分别为 14.1 mm、13.0 mm,沉降最大值出现在左右线隧道轴线连线中心处正上方。对于距起始开挖面 30 m 处的横断面而言,处于加固区,受右线隧道开挖影响减小,沉降最大值出现在左线隧道正上方附近,注浆加固前后沉降明显变小,最大值分别为 14.8 mm、10.7 mm,降低 27.8%。

（2）桩基变形

选取距离起始开挖面最近的一排 6 根桩进行分析,距离隧道由近到远分别为桩基 P1、P2、P3、P4、P5、P6。图 6-6 为加固地层和未加固地层工况下左右线贯通后桩基沿垂直隧道开挖方向的水平位移随桩身埋深分布曲线，"＋"表示远离隧道，"－"表示向隧道内移动。由图可知，双线隧道开挖完后，由于土体的卸荷作用，桩基发生挠曲变形，桩基顶部向隧道方向移动，桩基底部远离隧道移动，相当于绕桩身某点逆时针转动一定角度，整体呈向隧道倾斜。离隧道越远，桩基水平位移越小，由于上部结构的约束作用，各单桩桩顶位移基本相同。在注浆加固后，桩基水平位移明显减小，桩顶最大水平位移由 2.6 mm 减少至 1.4 mm，降低 46％。

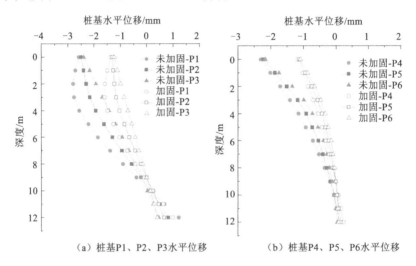

（a）桩基P1、P2、P3水平位移　　　　（b）桩基P4、P5、P6水平位移

图 6-6　加固地层前后桩基水平位移分布曲线

如图 6-7 所示为加固地层和未加固地层工况下左右线贯通后桩基竖向位移沿桩身埋深分布曲线。

由图 6-7 可知，桩身沉降沿桩身基本相同，离隧道越远，沉降越小，这与第 3 章所得规律一致，桩基 P1、P2 沉降受隧道开挖影响较大，在注浆加固后，桩基沉降由 5.7 mm 减少至 2.6 mm，降低 54％。

（3）框架变形分析

选取图 6-8 所示的 8 个观测点 CD1～CD8 对建筑物沉降进行分析，其中：CD1～CD6 为横向观测点，间距 5.4 m；CD1、CD7、CD8 为纵向观测点，间距 4.7 m；CD1、CD6、CD8 为现场实测点。

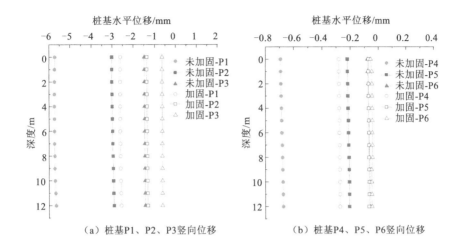

（a）桩基P1、P2、P3竖向位移　　　　（b）桩基P4、P5、P6竖向位移

图 6-7　加固地层前后桩基竖向位移分布曲线

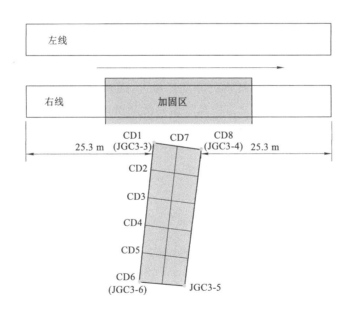

图 6-8　建筑物沉降观测点

　　图 6-9 所示为数值计算结果与现场实测数据对比。由图可知，数值计算得到的 CD1 与 CD8 随右线隧道掘进的沉降变化趋势与实测值基本吻合，随着盾构的掘进，沉降不断变大，说明本书采用数值计算模拟现场盾构施工是

具有合理性的,且实测值和模拟值都没出现隆起,说明建筑物刚度较大,掌子面推力、摩擦力、注浆压力对其影响较小,主要受土体损失的影响。

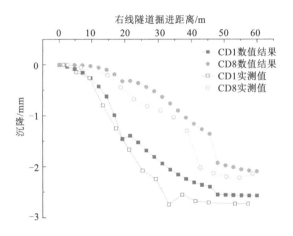

图 6-9   建筑物沉降数值计算结果与实测值对比

图 6-10 所示为未进行地层加固工况的建筑物横向沉降及沉降差曲线图。由图可知,随着盾构隧道的开挖,建筑物在垂直隧道开挖方向开始出现沉降,邻近隧道一侧的建筑物沉降变形最大,离隧道越远沉降越小,从而会使建筑物产生差异沉降,这是由地层横向沉降槽规律决定的,远端建筑物沉降接近 0。随着开挖面的不断推进,建筑物横向沉降逐渐变大,当右线开挖

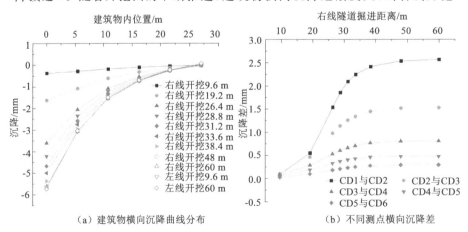

（a）建筑物横向沉降曲线分布   （b）不同测点横向沉降差

图 6-10   加固地层前建筑物横向沉降及沉降差

至 48 m 时,沉降基本稳定,最大值为 CD1 的 5.6 mm,此时盾构机已经完全穿越建筑物,而后左线隧道的开挖对建筑物沉降影响很小,可忽略不计。建筑物不同测点间的横向沉降差变化趋势相同,也会随着盾构的开挖不断变大,最后趋于稳定,离隧道越近,测点间沉降差越大,CD1 与 CD2 沉降差在右线贯通后为 2.6 m。

如图 6-11 所示为加固地层前后建筑物横向沉降及沉降差变化。由图可知,当对地层进行加固后,建筑物横向沉降明显减小,其中 CD1 在右线贯通后的沉降值由 5.6 mm 降为 2.6 mm,CD1 与 CD2 的沉降差也由 2.6 mm 降至 1.2 mm。

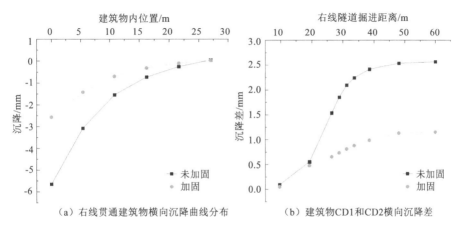

（a）右线贯通建筑物横向沉降曲线分布　　（b）建筑物CD1和CD2横向沉降差

图 6-11　加固地层前后建筑物横向沉降及沉降差变化

图 6-12 所示为加固地层前建筑物纵向沉降及沉降差变化情况。由图可知,随着盾构开挖,建筑物纵向沉降值在不断变大,并且最先受开挖扰动的建筑物前侧沉降值大于另一侧。盾构机到达建筑前,建筑物纵向差异沉降不断变大,当右线分别开挖至 28.8 m、31.2 m 时(此时盾构机正处于建筑物下方),CD1 与 CD7,CD7 与 CD8 的沉降差达到最大,分别为 1.3 mm、1.4 mm,相较于横向沉降差而言数值小,随后沉降差又逐渐变小,这与第 4 章分析得到的条形基础纵向沉降规律相似,两者在盾构开挖过程均会受到短期不均匀沉降。由图 6-13 可知,当对地层进行加固后,CD1、CD7、CD8 的沉降值及柱间沉降差均会有所降低。

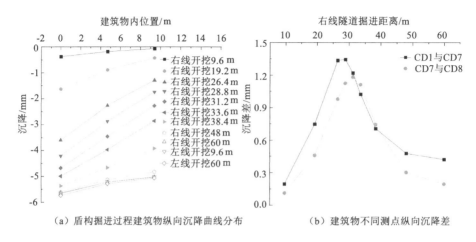

（a）盾构掘进过程建筑物纵向沉降曲线分布　　（b）建筑物不同测点纵向沉降差

图 6-12　加固地层前建筑物纵向沉降及沉降差

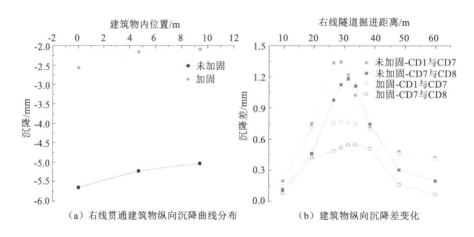

（a）右线贯通建筑物纵向沉降曲线分布　　（b）建筑物纵向沉降差变化

图 6-13　加固地层前后建筑物纵向沉降及沉降差变化

　　图 6-14 所示为建筑物最大水平位移随盾构掘进的变化曲线。由图可见，最大横向水平位移随着盾构机的推进不断变大，最后趋于稳定，进行地层加固后最大值由 7.3 mm 减少至 3.6 mm；最大纵向水平位移先增大后减小，在右线开挖至 28.8 m 时达到最大，此时盾构机正处于建筑物下方，进行地层加固后最大值由 4.7 mm 减少至 2.9 mm。

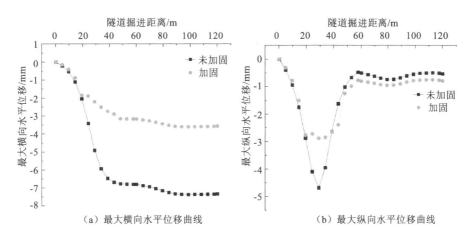

（a）最大横向水平位移曲线　　　　（b）最大纵向水平位移曲线

图 6-14　盾构掘进过程建筑物最大水平位移变化

6.3　本章小结

本章分析了盾构隧道穿越桩基及建筑物施工的保护原理，对常用的施工控制措施进行了分类；结合工程实例利用 MIDAS/GTS 有限元软件对盾构下穿桩基础建筑物的变形规律进行了研究，并分析了注浆加固地层的控制效果。主要成果如下：

（1）施工控制措施可分为盾构掘进参数控制、地层处理及建筑物加固三类，首先可通过优化掘进参数减小地层损失，从源头降低盾构施工的影响，接着采用注浆加固地层或设置隔离桩等方式减小或者阻断盾构施工扰动在地层中的传播，最后对建筑物上部结构及基础进行加固，增强其抗变形能力，保证隧道穿越时桩基和建筑物的安全，实际施工时应根据不同的地质条件、周边环境、保护要求等选取适宜控制措施及施工参数。

（2）双线隧道贯通后，加固区的地表最大沉降值出现在未加固的左线隧道正上方附近；离注浆加固区越近，地表沉降减小幅度越大，右线隧道轴线中心处地表沉降最大值由 13.4 mm 减小为 7.2 mm，左线隧道轴线中心处地表沉降最大值由 13.0 mm 减小为 10.3 mm。

（3）双线隧道开挖完后，桩基顶部向隧道方向移动，桩基底部远离隧道移动，整体呈向隧道倾斜，由于上部结构的约束作用，各单桩桩顶位移基本相同,桩身沉降沿桩身基本一致;离隧道越远,桩身水平位移和沉降越小,在注浆加固后,单桩桩顶最大水平位移由 2.6 mm 减少至 1.4 mm,桩身最大沉降由 5.7 mm 减少至 2.6 mm。

（4）建筑物横向沉降、横向沉降差和纵向沉降在盾构机穿越建筑物15 m后基本稳定,纵向沉降差在盾构机处于建筑物下方时达到最大,而后逐渐减小;注浆加固后建筑物最大横向沉降由 5.6 mm 降低为 2.6 mm,最大横向沉降差由 2.6 mm 降低至 1.2 mm。

（5）建筑物最大横向水平位移随着盾构机的推进不断变大,最后趋于稳定,最大纵向水平位移先增大后减小,在盾构机处于建筑物下方时达到最大;建筑物最大水平位移出现在建筑物顶部,水平位移与建筑物高度近似呈线性变化;注浆加固后最大横向水平位移由 7.3 mm 减少至 3.6 mm,最大纵向水平位移由 4.7 mm 减少至 2.9 mm。

第 7 章　砂-岩复合地层盾构选型及刀具配置技术研究

7.1　砾砂-中风化泥质粉砂岩变化地层工程地质特性

绳—六区间隧道前 231 m 盾构主要在砾砂层中掘进,然后通过约 161 m 砾砂-中风化泥质粉砂岩复合地层过渡至全断面中风化泥质粉砂岩层,直至六眼井站。区间隧道穿越复合地层段地质纵断面图(以左线为例)如图 7-1 所示。

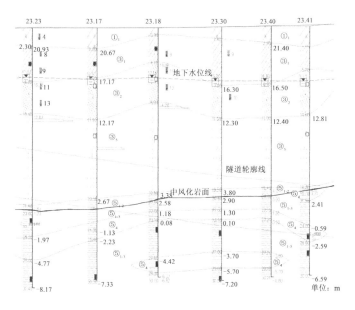

图 7-1　绳—六区间左右线穿越复合地层段纵断面图

根据地勘报告,场区内砾砂层底标高 4.71~7.15 m,层厚 5.40~13.10 m,成分以石英、云母、长石及硅质岩为主,粒径大于 2 mm 的含量约占 40%,最大粒径可达 30 mm。实测重型圆锥动力触探锤击数为 6~37 击,修正后平均击数为 12.5 击,中等压缩性。

中风化泥质粉砂岩呈泥质结构,岩石风化中等,岩体较完整,局部见少许垂直裂隙,少数铁、锰质渲染,锤击声哑、无回弹、有凹痕、易击碎,岩芯多呈柱状或短柱状,$RQD=80\%\sim95\%$,岩体较完整,属软岩,岩石基本质量等级为Ⅳ级。实测天然单轴抗压强度最小值 4.3 MPa,最大值 15.1 MPa,平均值 8.6 MPa。岩石坚硬程度为软岩。

该复合地层段砾砂和中风化泥质粉砂岩物理力学参数如表 7-1 所列。

表 7-1 复合地层段砾砂和中风化泥质粉砂岩物理力学参数

岩土编号及名称	密度 $\rho/(\text{g/cm}^3)$	渗透系数 $k/(\text{m/d})$	变形模量 E/MPa	泊松比 μ	黏聚力 c/kPa	摩擦角 $\varphi/(°)$	静止侧压力系数 K_0	围岩分级
③₅砾砂	2.00	120	35	0.30	—	33	0.32	Ⅵ
⑤₁₋₃中风化泥质粉砂岩	2.37	0.10	3 600	0.22	660	35.8	0.05	Ⅲ

7.2 依托工程盾构选型

7.2.1 盾构选型

结合南昌地区区域地质资料和已建盾构线路的盾构选型经验,整体而言可供选择的盾构机型只有两种,即土压平衡盾构和泥水平衡盾构。一般情况下,盾构选型常以地层渗透系数和岩土颗粒级配为指标进行选择。

(1)根据地层渗透系数进行选择

地层渗透系数与盾构机选型的关系如图 7-2 所示。由图可以看出,当地层的透水系数大于 10^{-7} m/s 时,宜选用泥水盾构;当地层的透水系数小于 10^{-4} m/s 时,可以选用土压平衡盾构;当地层的渗水系数在 $10^{-7}\sim10^{-4}$ m/s 时,既可以选用土压平衡盾构也可以选用泥水式盾构。

(2)根据岩土颗粒进行选择

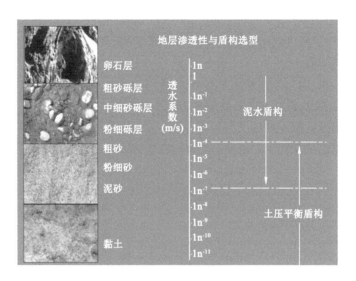

图 7-2　地层渗透系数与盾构选型之间的关系

岩土颗粒与盾构机选型的关系如图 7-3 所示。可以看出,整体上当岩土中的粉粒和黏粒的总量达到 40% 以上时,通常会选择土压平衡盾构,相反则通常选择泥水盾构。粉粒的绝对大小通常以 0.075 mm 为界。

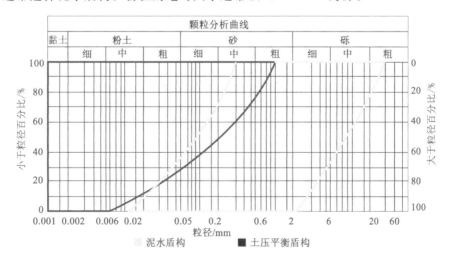

图 7-3　岩土颗粒与盾构机选型之间的关系

依托工程盾构穿越地层主要为砾砂层、砂岩复合地层和中风化泥质粉砂岩,各地层占比如图 7-4 所示。根据勘察资料,砾砂和中风化泥质粉砂岩渗透系数分别为 1.39×10^{-4} m/s 和 1.16×10^{-6} m/s,根据图 7-2 砾砂层宜采用泥水盾构,而泥质粉砂岩地层泥水盾构和土压平衡盾构均适用。此外,根据颗粒级配分析结果,砾砂层不均匀系数 $C_u = 8.541$,曲率系数 $C_c = 0.826$,表明砾砂层土粒粒径分布范围较广,中间粒径颗粒较少,较小粒径颗粒偏多。因此结合图 7-3 可见,在本标段砾砂层中泥水盾构和土压盾构均适宜。

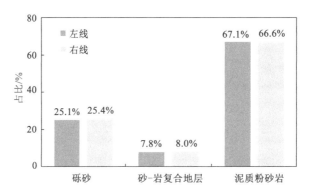

图 7-4　依托工程盾构穿越地层占比

除上述原则外,盾构选型时还应综合考虑安全适应性、技术先进性、经济性等方面,为此展开本工程土压平衡盾构和泥水平衡盾构的综合比较,结果如表 7-2 所示。

表 7-2　泥水加压盾构和土压平衡盾构综合比较

比较项目	泥水加压式盾构	土压平衡式盾构
地层适应性	适合淤泥质黏土、粉土、粉细砂等各类软土地层	通过调节添加材料的浓度和用量适应不同地层
开挖面稳定能力	好	较好
施工场地	需泥浆处理场,施工场地较大	施工场地较小
地面沉降控制	压力控制精度高,对地面沉降控制精度高,更适用于大直径的盾构掘进机	压力控制精度相对较低,对地面沉降控制精度相对较低,更适用于中小直径的盾构掘进机

表 7-2(续)

比较项目	泥水加压式盾构	土压平衡式盾构
泥土输送方式	泥水管道输送,可连续输送,输送速度快而均匀;占用隧道空间小	螺旋机出土,土箱运输,输送间断不连续,施工速度慢
对周围环境的影响	泥浆处理设备噪声、振动及渣土运输对环境产生影响较大	渣土运输对环境产生一定影响
施工存在的问题	水土不易分离,泥浆处理困难	—
设备费用及经济性	泥水处理设备费用高	较泥水盾构低

综上,考虑盾构掘进穿越地层的工程地质特性和水文地质特性、施工环境,并结合南昌地铁 1、2 号线的成功经验,最终选择土压平衡盾构。

7.2.2　盾构主要技术参数

依托工程投入使用的 2 台盾构机分别为中铁 26 号和中铁 CT008C 土压平衡盾构。两台盾构机均先从绳金塔站北端头始发,沿绳六区间掘进(左线为中铁 26 号,右线为中铁 CT008C 号,右线先始发,左右线始发间距为 1 个月),在六眼井站空推过站后,再次始发向八一馆站掘进,在八一馆站完成接收并转场至绳金塔站南端区间明挖段,再次组装调试后,沿区间向十字街站推进。所选用的两台盾构主要技术参数如表 7-3 所列。

表 7-3　所选盾构主要技术参数

主要技术参数	中铁 26 号	中铁 CT008C
开挖直径/mm	6 280	6 280
刀盘转速/(r/min)	0~3	0~3
最大推进速度/(mm/min)	80	80
最大推力/t	3 700@34MPa	3 400@34MPa
主驱动总功率/kW	660	550
主驱动额定扭矩/(kN·m)	5 500	4 600
主驱动脱困扭矩/(kN·m)	6 900	5 700
油缸规格(缸径/杆径)/mm	220/180	200/170
油缸数量/根	30	32
分组形式(上+下+左+右)	8+8+7+7	6+10+8+8

7.3 盾构刀盘刀具配置

盾构机常用的刀具有切刀、刮刀、齿刀、先行刀、双刃滚刀、单刃滚刀、仿形刀和扩孔刀等。其中切削刀和滚刀是盾构机的主要刀具,其他为辅助刀具。常用的盾构刀具及其特点如表 7-4 所示。

表 7-4　常用盾构刀具及其特点

刀具名称	结构示意图	设计特点
单刃滚刀		用于岩体硬度大于 80 MPa 的掘进,掌子面与刀盘面间渣土空间大,利于流动,可换装齿刀
双刃滚刀		用于岩体硬度在 30~80 MPa 的掘进,背装式可换装双刃齿刀
齿刀		用于软岩掘进,设计最大破岩能力 30 MPa 背装式,可换装正滚刀
切刀		用于软岩掘进,设计破岩能力 20 MPa;装于排渣口一侧,可用做硬岩掘进中的刮渣
刮刀		刀盘弧形周边软土刀具,同时在硬岩掘进下可用作刮渣

刀盘刀具应根据各类刀具的地层适应性进行配置。由前述可知,依托工程盾构穿越的岩土类型主要是两类:砾砂和中风化泥质粉砂岩。其中十一绳区间盾构基本在全断面砾砂层中掘进,而绳—六区间则由全断面砾砂层过渡至全断面岩层,六—八区间在全断面岩层中掘进。盾构在各区间掘进时的刀盘刀具配置如下:

(1)十一绳区间

该区间掘进的地层主要为粗砂、砾砂,所采用的刀盘结构及刀具配置参数如表 7-5 所列。

表 7-5　十一绳区间盾构刀盘刀具配置

刀盘结构	刀具配置		
	刀具类型	数目/把	刀高/mm
	中心可更换撕裂刀	8	187.7
	18 寸单刃滚刀	32	187.7
	焊接撕裂刀	17	165
	边刮刀	8	135
	刮刀	36	135
	大圆环保护刀	16	65
	仿形超挖刀	1	65

(2)绳—六、六—八区间

绳—六、六—八区间主要地层为粗砂、砾砂、泥质粉砂岩层,中风化泥质粉砂岩、局部夹杂钙质泥岩,刀盘宜采用复合式刀盘。所采用的刀盘结构及刀具配置参数如表 7-6 所示。

表 7-6　绳—六和六—八区间盾构刀盘刀具配置

刀盘结构	刀具配置		
	刀具类型	数目/把	刀高/mm
	中心双联滚刀	4	187.7
	18 寸单刃滚刀	32	187.7
	焊接撕裂刀	17	165
	切刀	36	135
	边刮刀	8(组)	135
	仿形刀	1	65
	大圆环保护刀	16	65
	刀盘结构形式:复合式		
	刀盘开口率:40%		

备注:在砂层和上软下硬地层掘进时刀具可更换撕裂刀、刮刀、边刮刀、仿形刀,在全断面岩层掘进时将撕裂刀更换为滚刀。

　　刀具的选择:隧道穿越地层属于软岩~极软岩,如果采用滚刀可能会造成启动扭矩不足,或者出现刀箱被糊等情况,但是考虑到在局部区间段内存在上软下硬地层情况,底部含圆砾和卵石,在绳金塔站始发掘进时刀具可更换撕裂刀、刮刀、边刮刀、仿形刀等刀具,掘进前 600 m 左右的砾砂层阶段;当掘进至中风化岩层阶段,根据现场实际情况,开仓检查刀盘磨损情况,然后更换下原刀盘撕裂刀,换上滚刀掘进泥质粉砂岩。

7.4　刀具磨损分析

7.4.1　依托工程刀具磨损调查

　　表 7-7~表 7-9 分别统计了十一绳区间刀盘撕裂刀、刮刀、边刮刀的磨损数据。图 7-5 和图 7-6 分别为撕裂刀和刮刀磨损量的统计直方图。

表 7-7　十一绳区间撕裂刀磨损数据

撕裂刀编号	安装半径/mm	磨损量/mm	撕裂刀编号	安装半径/mm	磨损量/mm
S1	2 200	20	S8	2 799	37
S2	2 300	27	S9	2 861	37
S3	2 400	20	S10	2 918	34
S4	2 490	24	S11	2 974	34
S5	2 580	24	S12	3 023	22
S6	2 660	34	S13	3 064	20
S7	2 732	30	S14	3 097	14

表 7-8　十一绳区间刮刀磨损数据

刮刀编号	安装半径/mm	磨损量/mm	刮刀编号	安装半径/mm	磨损量/mm
Arm1-G2	1 000	4	Arm5-G2	1 100	4
Arm1-G4	1 400	3.5	Arm5-G4	1 500	5.5
Arm2-G6	2 000	4.5	Arm6-G6	1 900	3
Arm2-G8	2 400	4	Arm6-G8	2 300	4.5
Arm3-G1	800	1	Arm7-G1	900	4

表 7-8(续)

刮刀编号	安装半径/mm	磨损量/mm	刮刀编号	安装半径/mm	磨损量/mm
Arm3-G3	1 200	5.5	Arm7-G3	1 300	6.5
Arm3-G5	1 600	4	Arm7-G5	1 700	6.5
Arm4-G7	1 900	4	Arm8-G7	2 100	3.5
Arm4-G9	2 300	2.5	Arm8-G9	2 500	5

表 7-9　十一绳区间边刮刀磨损数据

边刮刀编号	安装半径/mm	磨损量/mm
Arm2-BG	3 000	17.75
Arm4-BG	3 000	16.5
Arm6-BG	3 000	16.5
Arm8-BG	3 000	18.25

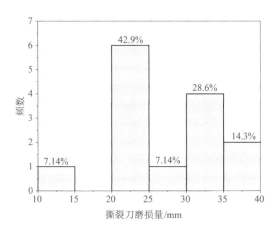

图 7-5　十一绳区间撕裂刀磨损量统计图

　　由现场实测数据可知,由于十一绳区间盾构主要穿越地层为粗砂、砾砂层,因此刀盘刀具中刮刀的磨损量较大,刮刀磨损量基本都已超过所配刀具的合金高度,相对而言,滚刀和中心双联撕裂刀整体磨损较小。

　　由统计结果可知撕裂刀磨损较为严重,除个别刀具外,撕裂刀磨损量均超过其合金高度,磨损量分布范围为 14～37 mm,平均磨损量达到 26.9 mm,

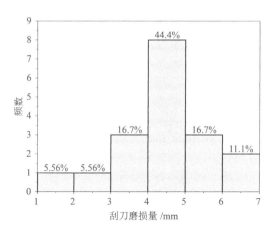

图 7-6　十一绳区间刮刀磨损量统计图

最大磨损量为 37 mm,位于编号为 S8 和 S9 撕裂刀处,其安装半径分别为 2 799 mm 和 2 861 mm。由图 7-5 可知,撕裂刀磨损量为 10～15 mm 刀具数占比 7.14%,磨损量为 20～25 mm 的刀具数占比 42.9%,磨损量为 25～30 mm 的刀具数占比 7.14%,磨损量为 30～35 mm 的刀具数占比28.6%,磨损量为 35～40 mm 的刀具数占比 14.3%。可见,撕裂刀磨损量主要分布在 20～25 mm 和 30～35 mm 范围内。

相比于撕裂刀,刮刀磨损量较低。由统计结果可知,刮刀磨损量分布范围 1～6.5 mm,平均磨损量为 4.2 mm,最大磨损量为 6.5 mm,位于编号为 Arm7-G3 和 Arm7-G5 刮刀处,其安装半径分别为 1 300 mm 和 1 700 mm。由图 7-6 可知,刮刀磨损量为 1～2 mm 的刀具数占比 5.56%,磨损量为 2～3 mm 的刀具数占比 5.56%,磨损量为 3～4 mm 的刀具数占比 16.7%,磨损量为 4～5 mm 的刀具数占比 44.4%,磨损量为 5～6 mm 的刀具数占比 16.7%,磨损量为 6～7 mm 的刀具数占比 11.1%。可见,刮刀磨损量主要分布在 4～5 mm 范围内。

由于边刮刀的安装范围及其刀具结构特点,该区间盾构刀盘边刮刀的磨损量远高于刮刀磨损量。由统计结果可知,边刮刀磨损量分布范围为 16～19 mm,最大磨损量为 18.25 mm(Arm8 边刮刀磨损量平均值)。

绳一六区间掘进时盾构刀盘滚刀磨损数据如表 7-10 所示,图 7-7 所示为滚刀磨损量分布直方图。

表 7-10　绳—六区间滚刀磨损数据

滚刀编号	安装半径/mm	磨损量/mm	滚刀编号	安装半径/mm	磨损量/mm
9#	800	1	27#	2 580	2
11#	1 000	1	28#	2 660	2
13#	1 200	1	29#	2 732	2
15#	1 400	1	30#	2 799	2
16#	1 500	1	31#	2 861	4
17#	1 600	1	32#	2 918	2
18#	1 700	3	33#	2 974	3
20#	1 900	2	34#	3 023	3
21#	2 000	1	35#	2 064	3
22#	2 100	1	36#	3 097	3
23#	2 200	1	37#	3 118	3
24#	2 300	2.5	38#	3 132	2
25#	2 400	1	39#	3 140	3
26#	2 490	1	40#	3 140	5

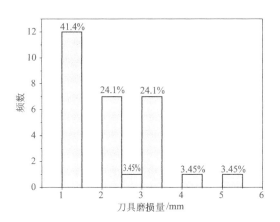

图 7-7　绳—六区间刀盘滚刀磨损量统计图

　　由现场实测数据可知,整体来看,绳—六区间滚刀磨损量较小,最大磨损量发生在 40# 滚刀处,其安装半径为 3 140 mm,处在刀盘最边缘处;当安装半径小于 2 580 mm 时,除个别滚刀外,大多数滚刀磨损量仅为 1 mm;由描述性统计结果可知，滚刀平均磨损量为 2.01 mm。由统计直方图即图 7-7 可以看出，绳一六区间滚刀磨损量为 1 mm 的刀具数占比 41.4%，磨损量为 2 mm 和 3 mm 的滚刀数占比为 24.1%，磨损量为 2.5 mm、4 mm 和 5 mm 的滚刀数占比均为 3.45%。

7.4.2 刀具磨损经验分析

由前述依托工程刀具磨损调查结果可知，在南昌地区盾构施工中，砾砂层刀具磨损较砂-岩复合地层及全断面泥质粉砂岩地层刀具磨损严重。这与我国已有地铁盾构施工刀具在不同地层中的磨损规律相符，即：盾构在穿越砂卵石(或极硬岩)时发生刀盘、刀具磨损的概率最大，其次是硬岩地层、上软下硬地层和球状风化地层等。

砂卵石地层力学性质不稳定、结构松散、单个块石强度高等是盾构刀具在砂卵石地层易造成磨损的根本原因。此外，盾构刀具的磨损也和掘进参数、刀具的布置等相关。一般情况下，盾构刀具磨损量与其安装半径相关。图 7-8～图 7-10 分别为十一绳区间撕裂刀与刀具安装半径的关系、十一绳区间刮刀与安装半径之间的关系以及绳一六区间滚刀磨损量与安装半径之间的关系。

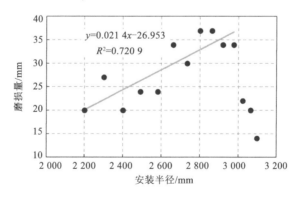

图 7-8　十一绳区间撕裂刀磨损量与安装半径之间的关系

整体来看，除刮刀外，撕裂刀和滚刀的磨损量都在一定程度上与安装半径呈正相关关系。由图 7-8 可见，当盾构在全断面砾砂层掘进时，除个别刀具外，撕裂刀磨损量与安装半径呈较好的线性关系，相关系数达 0.720 9，其相关关系为：

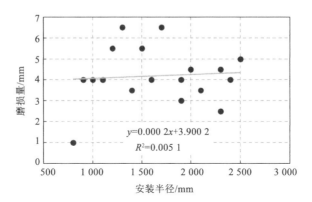

图 7-9 十一绳区间刮刀磨损量与安装半径之间的关系

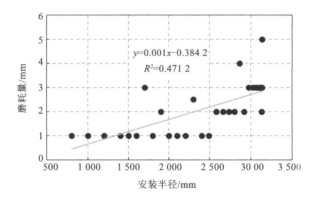

图 7-10 绳—六区间滚刀磨损量与安装半径的关系

$$\delta = 0.021\ 4R - 26.953 \qquad (7\text{-}1)$$

式中:δ 为刀具磨损量,mm;R 为刀具安装半径,mm。

由图 7-9 可见,刮刀磨损量与安装半径间相关性较差,其可能原因是现场数据采集时出现了一定的误差。由图 7-10 可见,盾构在全断面泥质粉砂岩中掘进时,滚刀磨损量与安装半径间呈现出一定的相关关系,但相关性一般,相关系数仅 0.471 2,其相关关系为:

$$\delta = 0.001R - 0.384\ 2 \qquad (7\text{-}2)$$

式中符号意义同前。

7.5 本章小结

本章在分析依托工程各区间隧道盾构主要穿越地层工程性质的基础上进行了盾构机选型和刀盘刀具配置研究,进一步结合十一绳区间盾构穿越全断面砾砂层和绳—六区间盾构穿越泥质粉砂岩地层时的刀具磨损调查,进行了依托工程盾构刀具磨损的经验性分析,建立了依托工程刀具磨损的回归模型。所得主要结论如下:

(1)根据依托工程盾构掘进时各穿越地层的占比、地层工程地质及水文地质特性、场地施工条件进行了依托工程在砂-岩复合地层施工时的盾构选型,最终选择土压平衡盾构进行施工。

(2)考虑十一绳区间和绳—六区间地层差异,在刀具配置时十一绳区间刀具以撕裂刀和刮刀为主,绳—六区间在岩层掘进时将撕裂刀更换为滚刀,刀具配置以滚刀和刮刀为主。

(3)现场刀具磨损调查结果表明:砾砂层撕裂刀和边刮刀磨损严重,最大磨损量分别达到 37 mm 和 18.25 mm,而刮刀磨损量最大仅为 6.5 mm,撕裂刀磨损量与安装半径呈较好的正相关关系;在全断面岩层中,滚刀整体磨损量较小,最大磨损量为 5 mm,滚刀磨损量与安装半径呈一定的正相关关系。

第 8 章　富水砾砂层摩擦桩基老旧建筑群段盾构施工掘进控制技术研究

8.1　掘进参数的地层适应性及对建筑物影响分析

8.1.1　不同地层段盾构掘进参数统计分析

盾构主要掘进参数包括:盾构总推力、刀盘扭矩、刀盘转速、盾构掘进速度、土仓压力、注浆压力等。由于传感器故障,注浆压力未能及时录入,采用注浆量代替注浆压力进行盾构掘进后控制效果评价参数进行统计分析。根据盾构施工筹划,右线盾构先发,因此盾构左线掘进时参数设置有一定的参考值,数据相对稳定,因此以左线盾构掘进数据为代表进行统计分析。

根据图 8-1 所示盾构穿越地层类型,分别对砾砂层、砂-岩复合地层和中风化泥质粉砂岩地层中盾构主要掘进参数进行统计分析。根据穿越地层范围,同时考虑盾构在始发时数据的波动性,剔除盾构始发的部分数据。此外,为避免线路坡度的影响,统计分析时均以下坡段数据为基础数据进行分析。分别以 21～190 环数据为盾构穿越全断面砂层时的掘进数据,以 191～350 环为盾构穿越砂-岩复合地层时的掘进数据,以 351～530 环为盾构穿越全断面泥质粉砂岩时的掘进数据。分析时剔除一些因盲目操作导致的奇点数据。

8.1.1.1　盾构总推力统计分析

典型地层段盾构总推力统计图如图 8-2 所示,统计表见表 8-1。由图 8-2(a)可见,在砾砂层中盾构推力逐渐减小、在砂-岩复合地层中总推力逐渐增

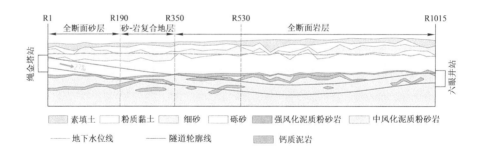

图 8-1 绳—六左线纵断面地质图

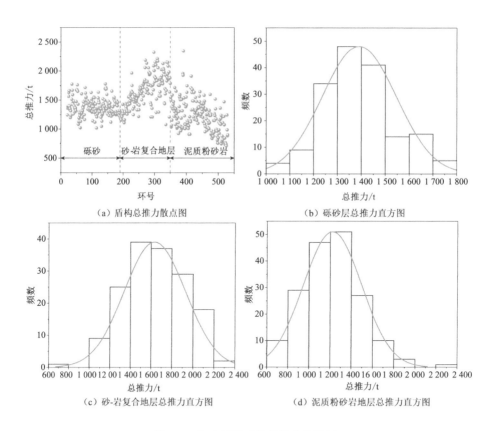

（a）盾构总推力散点图

（b）砾砂层总推力直方图

（c）砂-岩复合地层总推力直方图

（d）泥质粉砂岩地层总推力直方图

图 8-2 各地层段盾构总推力统计图

大、在泥质粉砂岩地层中盾构推力又逐渐减小。由图 8-2(b)～(d)可见，在三种地层中盾构推力分布整体上比较吻合正态分布，结合数据统计结果来看在砂-岩复合地层中盾构推力最为离散,标准差达到 294。由统计数据可知,三种地层中盾构推力均值分别为 1 391 t、1 633 t、1 221 t,可见在砂-岩复合地层中掘进时盾构推力相对较大。砾砂层、砂-岩复合地层和泥质粉砂岩地层总推力主要分布范围分别为 1 200～1 700 t、1 200～2 200 t 和 800～1 600 t,分别涵盖了 89.4%、92.5% 和 86.5% 的统计数据。

表 8-1　各地层盾构总推力统计值　　单位:t

地层	最大值	最小值	平均值	中位数	众数	标准差	观测数
砾砂层	1 779	1 018	1 391	1 376	1 303	155	170
砂-岩复合地层	2 322	753	1 633	1 629	1 382	294	160
泥质粉砂岩	2 344	712	1 221	1 211	1 351	275	178

8.1.1.2　盾构刀盘扭矩统计分析

盾构在穿越三种地层断面时刀盘扭矩的统计图如图 8-3 所示,统计表见表 8-2。由图 8-3(a)可见,整体上随着隧道埋深的增加,盾构先后在砾砂层、砂-岩复合地层及泥质粉砂岩地层中掘进时,盾构刀盘扭矩呈逐渐减小的变化趋势。结合图 8-3(b)～(d)可见,三种地层中刀盘扭矩的分布也符合一定的正态分布规律。根据统计结果,三种地层中盾构刀盘扭矩的均值分别为 3 201 kN·m、3 229 kN·m 和 2 135 kN·m;三种地层中刀盘扭矩的标准差分别为 636、552 和 539,可见在砾砂层中掘进时,刀盘扭矩的离散性最大。砾砂层、砂-岩复合地层和泥质粉砂岩地层刀盘扭矩主要分布范围分别为 2 000～4 000 kN·m、2 000～4 000 kN·m 和 1 000～3 000 kN·m,分别涵盖了 89.4%、94.4% 和 94.9% 的统计数据。

表 8-2　各地层刀盘扭矩统计值　　单位:kN·m

地层	最大值	最小值	平均值	中位数	众数	标准差	观测数
砾砂层	4 972	301	3 201	3 235	3 872	636	170
砂-岩复合地层	4 343	1 557	3 229	3 318	3 047	552	160
泥质粉砂岩	3 557	962	2 135	2 165	2 425	539	178

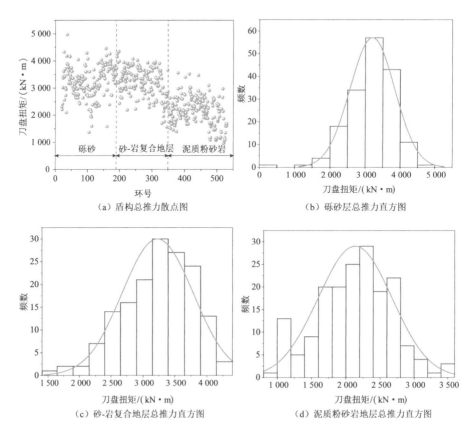

（a）盾构总推力散点图　　　　　　（b）砾砂层总推力直方图

（c）砂-岩复合地层总推力直方图　　（d）泥质粉砂岩地层总推力直方图

图 8-3　各地层段盾构总推力统计图

8.1.1.3　盾构刀盘转速统计分析

盾构在穿越三种地层断面时刀盘转速的统计图如图 8-4 所示，统计表见表 8-3。由图 8-4（a）可见，盾构在穿越三种地层时刀盘转速不断增大，且在砂-岩复合地层中掘进时增长较为明显，因此其数据离散性也相对较大，标准差达 0.13，相对而言在砾砂层和泥质粉砂岩地层中盾构刀盘转速相对稳定，标准差分别为 0.07 和 0.05。整体上，盾构刀盘转速呈阶梯状变化。根据统计结果，三种地层中盾构刀盘转速均值分别为 1.12 r/min、1.52 r/min 和 1.83 r/min。砾砂层、砂-岩复合地层和泥质粉砂岩地层刀盘转速主要分布范围分别为 1.0～1.3 r/min、1.4～1.7 r/min 和 1.8～1.9 r/min，分别涵盖了 98.2%、85.0% 和 99.4% 的统计数据。

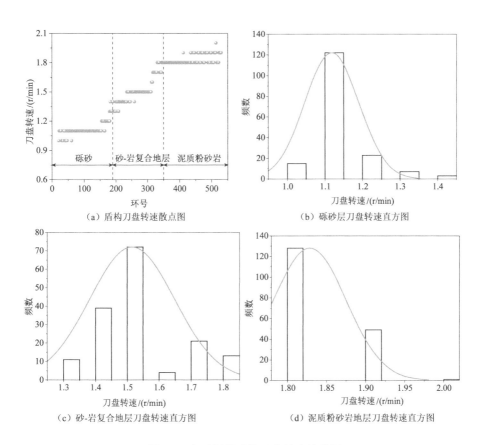

（a）盾构刀盘转速散点图　　　　　（b）砾砂层刀盘转速直方图

（c）砂-岩复合地层刀盘转速直方图　　　（d）泥质粉砂岩地层刀盘转速直方图

图 8-4　各地层段盾构刀盘转速统计图

表 8-3　各地层刀盘转速统计值　　　　　　　单位：r/min

地层	最大值	最小值	平均值	中位数	众数	标准差	观测数
砾砂层	1.4	1	1.12	1.1	1.1	0.07	170
砂-岩复合地层	1.8	1.3	1.52	1.5	1.5	0.13	160
泥质粉砂岩	2.0	1.8	1.83	1.8	1.8	0.05	178

8.1.1.4　盾构掘进速度统计分析

　　盾构在穿越三种地层断面时掘进速度的统计图如图 8-5 所示，统计表见表 8-4。由图 8-5（a）可见，整体上，盾构在三种地层中掘进速度的变化较为稳定，无明显的增加或下降趋势。根据统计结果，三种地层中盾构掘进速度

的标准差分别为 4.39、2.51 和 4.09,可见在砂-岩复合地层中盾构掘进速度
的离散性最低。由图 8-5(b)～(d)可见,在三种地层中盾构掘进速度的分布
都显示出较好的正态分布特征。根据统计结果,三种地层中盾构掘进速度
的均值分别为 39.6 mm/min、40.8 mm/min 和 40.9 mm/min,可见三种地层
中掘进速度的波动较小。砾砂层、砂-岩复合地层和泥质粉砂岩地层掘进速度
主要分布范围分别为 32～46 mm/min、36～44 mm/min 和 35～47 mm/min,
分别涵盖了 92.9%、91.9% 和 89.3% 的统计数据。

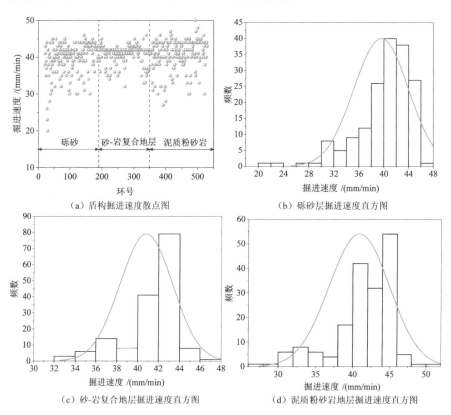

（a）盾构掘进速度散点图

（b）砾砂层掘进速度直方图

（c）砂-岩复合地层掘进速度直方图

（d）泥质粉砂岩地层掘进速度直方图

图 8-5　各地层段盾构掘进速度统计图

表 8-4　各地层盾构掘进速度统计值　　　　　　　　单位:mm/min

地层	最大值	最小值	平均值	中位数	众数	标准差	观测数
砾砂层	46	20	39.6	41	41	4.39	170

表 8-4(续)

地层	最大值	最小值	平均值	中位数	众数	标准差	观测数
砂-岩复合地层	46	32	40.8	42	42	2.51	160
泥质粉砂岩	50	27	40.9	42	44	4.09	178

8.1.1.5　土仓压力统计分析

　　盾构在穿越三种地层断面时土仓压力的统计图如图 8-6 所示,统计表见表 8-5。由图 8-6(a)可见,在砾砂层和砂-岩复合地层中土仓压力呈现出明显的线性变化特征,而在泥质粉砂岩地层中土仓压力呈显著下降,其原因可能与隧道埋深相关:当掘进至岩层中时,埋深增大,压力拱形成,导致开挖面水土压力有一定程度的减小。从统计结果来看,盾构在泥质粉砂岩地层中掘进时土仓压力有一定的波动,较为离散,标准差达 16.2;土仓压力的均值和众

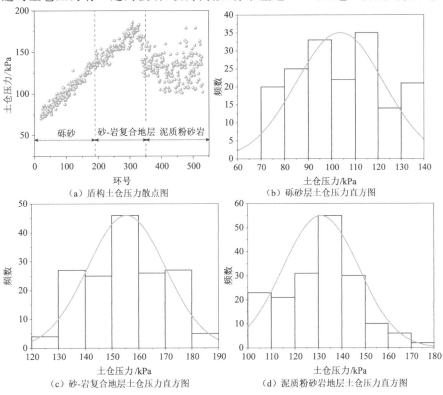

（a）盾构土仓压力散点图　　　（b）砾砂层土仓压力直方图

（c）砂-岩复合地层土仓压力直方图　　　（d）泥质粉砂岩地层土仓压力直方图

图 8-6　各地层段盾构土仓压力统计图

数分别为 131.1 kPa 和 135 kPa；土仓压力的分布范围主要为100～150 kPa，该区间包含了 89.9% 的统计数据。

表 8-5　各地层土仓压力统计值　　　　　　单位：kPa

地层	最大值	最小值	平均值	中位数	众数	标准差	观测数
砾砂层	138	70	103.7	102.5	115	18.74	170
砂-岩复合地层	186	121	155.5	154.5	158	14.60	160
泥质粉砂岩	179	101	131.1	133.0	135	16.20	178

8.1.1.6　同步注浆量统计分析

盾构在穿越三种地层断面时同步注浆量的统计图如图 8-7所示，统计表见表 8-6。由图 8-7(a)可见，整体上，随着盾构掘进里程的增加，在三种地层

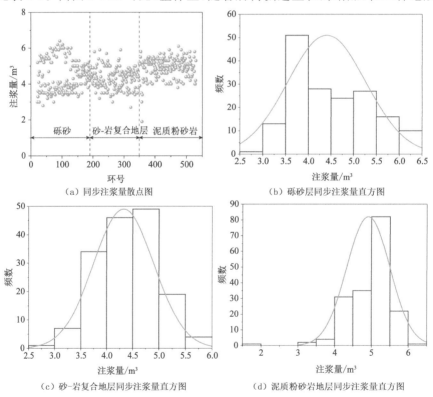

图 8-7　各地层段同步注浆量统计图

中盾尾同步注浆量呈逐渐增大的趋势。从数据分布来看,在砾砂层中注浆量的分布较为离散,具有较大的波动性。结合统计结果,三种地层中注浆量标准差分别为 0.86、0.58 和 0.59,注浆量均值分别为 4.4 m³、4.3 m³ 和 4.9 m³。由图 8-7(b)～(d)可见,三种地层中同步注浆量的分布呈较好的正态分布特征。砾砂层、砂-岩复合地层和泥质粉砂岩地层同步注浆量主要分布范围分别为 3.0～6.0 m³、3.5～5.5 m³ 和 4.0～6.0 m³,分别涵盖了 97.1％、92.5％和 95.5％的统计数据。

表 8-6　各地层同步注浆量统计值　　　　　　　　　　　　单位:m³

地层	最大值	最小值	平均值	中位数	众数	标准差	观测数
砾砂层	6.4	2.8	4.4	4.2	3.5	0.86	170
砂-岩复合地层	5.9	2.7	4.3	4.4	4.5	0.58	160
泥质粉砂岩	6.1	1.9	4.9	5.0	5.0	0.59	178

8.1.2　南昌地区典型地层 EPB 盾构可掘性分析

上一小节采用描述性统计方法分析了本工程土压平衡(EPB)盾构在南昌地区三类典型地层——砾砂层、砾砂-泥质粉砂岩复合地层、中风化泥质粉砂岩中掘进时,各主要掘进参数的分布特征。但各盾构各掘进参数并不是独立的,而是存在一定的相互关联性,且单一的掘进参数并不能全面反映装备在相应地层的掘进性能。本小节以前文基本统计参数为基础,进一步分析主要参数间的关联性,讨论 EPB 盾构在南昌地区典型地层中的掘进表现。

8.1.2.1　典型地层 EPB 盾构装备系数取值

装备总推力和刀盘扭矩的确定是 EPB 盾构选型设计的关键。一些学者参考 TBM 机械作业特点,提出了盾构机刀盘扭矩和推力的计算模型:

$$T = \alpha D^3 \tag{8-1}$$

$$F = \beta D^2 \tag{8-2}$$

式中:T 为刀盘装备扭矩,kN・m;D 为盾构机刀盘(开挖)直径,m;F 为盾构机千斤顶油缸推力,kN;α 和 β 分别为盾构机装备系数,经验取值范围为 α 取 14～23,β 取 500～1 200。

如图 8-8 所示为盾构在各地层掘进时刀盘扭矩与总推力的相关关系。由图可见,除砾砂层右线掘进外,刀盘扭矩与总推力整体上呈正相关关系,但在各地层相关性不同,在泥质粉砂岩地层相关系数最高,达 0.59。

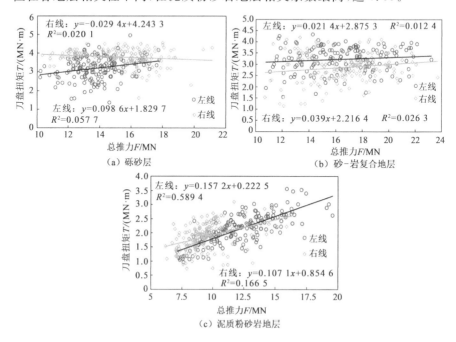

图 8-8　典型地层盾构刀盘扭矩与总推力相关关系

本工程盾构开挖直径 6.28 m,根据实测盾构推力和刀盘扭矩由式(8-1)和式(8-2)反算的三类典型地层盾构装备系数如表 8-7 所列。

表 8-7　南昌地区典型地层 EPB 盾构装备系数取值

装备系数	砾砂层			砂-岩复合地层			泥质粉砂岩地层			经验值
	最大值	最小值	平均值	最大值	最小值	平均值	最大值	最小值	平均值	
α	20	6	14	18	5	12	14	3	8	14~23
β	536	258	369	601	271	418	496	157	272	500~1 200

由表 8-7 可见:三类地层中 EPB 盾构刀盘扭矩系数 α 最大值(20)和平均值最大值(14)均位于砾砂层中,且均处于经验系数范围内,而其他两类地

层扭矩系数的平均值都略低于最小经验值;推力系数 β 最大值(601)和平均值最大值(418)均位于砂-岩复合地层中,其中最大值处于经验值范围内、平均值略小于经验值,砾砂层和泥质粉砂岩地层的推力系数 β 最大值(536 和 496)与最小经验值较为接近,而平均值(369 和 272)远低于经验值。整体来看,针对南昌地区典型地层而言,EPB 盾构选型时总推力的装备系数可按相同刀盘直径 TBM 的经验系数的下限值进行一定的折减,且推力系数取值时砂-岩复合地层最大、砾砂层次之、泥质粉砂岩地层最小;刀盘扭矩系数可按相同刀盘直径 TBM 经验系数进行取值,且扭矩系数取值时砾砂层最大、砂-岩复合地层次之、泥质粉砂岩地层最小。

8.1.2.2　典型地层 EPB 盾构可掘性分析

为分析 EPB 盾构在南昌地区典型地层的掘进表现,揭示盾构掘进相关参数的内在联系,引入"贯入度、场切入指数、掘进比能"进行南昌地区典型地层 EPB 盾构可掘性分析,定义如下:

$$P_{\text{rev}} = \frac{v}{w} \tag{8-3}$$

$$I_{\text{FP}} = \frac{F}{P_{\text{rev}}} \tag{8-4}$$

$$E = \frac{2\pi\omega T}{0.25\pi D^2 v} = \frac{8T}{D^2 P_{\text{rev}}} \tag{8-5}$$

式中:P_{rev} 为贯入度,mm/r;v 为盾构机掘进速度,mm/min;w 为盾构刀盘转速,r/min;I_{FP} 为场切入指数,kN/(mm/r);E 为盾构掘进比能,kW·h/m³;其他参数意义同前。

贯入度在一定意义上表征了盾构施工地层的可掘性和机械作业水平。依托工程 EPB 盾构在三类典型地层中掘进时掘进速度与贯入度相关关系如图 8-9 所示。由统计计算结果可知,三类地层中贯入度均值分别为 35.46 mm/r、27.15 mm/r 和 22.35 mm/r,砾砂层最大、砂-岩复合地层次之、泥质粉砂岩地层最小。从数据变化范围来看,三类地层贯入度变化范围分别为 20～42 mm/r、18.33～34.62 mm/r 和 15～27.78 mm/r,标准差分别为 4.02、2.98 和 2.23,可见砾砂层贯入度波动范围最大、砂-岩复合地层次之、泥质粉砂岩地层最小。

由图 8-9 可见,盾构在砾砂层和泥质粉砂岩地层中掘进时,掘进速度与贯入度存在良好的线性关系,这两种地层中掘进速度与贯入度之间的相关系数分别达 0.74 和 0.94,而砂-岩复合地层的相关系数仅为 0.43。根据贯入度的定义可知,推进速度和贯入度的比值其实质为刀盘转速,即掘进速度与贯入度有较强的相关关系时,拟合曲线的斜率与刀盘转速的均值较为接近,如砾砂层和泥质粉砂岩地层拟合曲线斜率分别为 0.94 和 1.78,实测刀盘转速的均值分别为 1.12 和 1.83,而砂-岩复合地层拟合曲线的斜率为 0.55,实测刀盘转速的均值为 1.52,差距较大。

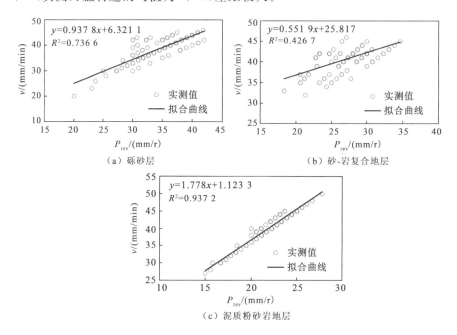

图 8-9 三类地层中 EPB 盾构掘进速度与贯入度的关系

如图 8-10 所示为三类典型地层场切入指数与贯入度之间的关系。由图可见:整体而言,场切入指数随着贯入度的增大而减小,且随着贯入度的增大场切入指数的变化范围减小,数据更为集中;对于单个地层而言,均可采用幂函数和线性函数来描述场切入指数与贯入度之间的相关关系,各地层线性拟合和乘幂拟合的相关系数相近;整体来讲,随着盾构由砾砂层掘进过渡至全断面岩层,场切入指数与贯入度之间的相关性逐渐降低,相关系数由 0.63 降低至 0.23;但对于砾砂层和砂-岩复合地层而言,总拟合曲线表明场切入指数与贯入度之间具有较强的关联性,可采用下列幂函数描述二者之间的关系:

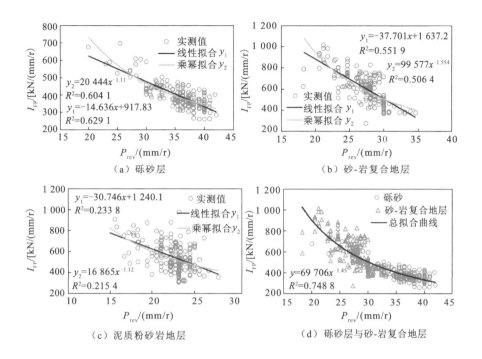

图 8-10 三类地层场切入指数与贯入度的关系

$$I_{FP} = 69\,706 P_{rev}^{-1.45} \qquad (8-6)$$

此外,由图 8-10 可见,当贯入度大于 30 mm/r 时,场切入指数的变化较为集中,相反其变化较为离散。计算结果表明:砾砂层场切入指数变化范围最小,为 261.19~696.93 kN/(mm/r),且主要集中在贯入度为 30~40 mm/r范围内,均值为 398.84 kN/(mm/r),标准差为 74.19;砂-岩复合地层和泥质粉砂岩地层场切入指数较为离散,但波动范围相近,分别为 275.49~1 016.69 kN/(mm/r) 和 307.45~1 025.33 kN/(mm/r),均值分别为 613.63 kN/(mm/r) 和 552.90 kN/(mm/r),标准差分别为 151.07 和 141.60,但砂-岩复合地层场切入指数主要集中在贯入度为 25~30 mm/r 范围内,泥质粉砂岩地层场切入指数主要集中在贯入度为 20~25 mm/r 范围内。

如图 8-11 所示为三类典型地层掘进比能与贯入度之间的关系。由图可见,整体而言,随着贯入度的增大,各地层掘进比能逐渐减小,但变化梯度较小;在三类典型地层中,盾构在砾砂层中掘进时掘进比能与贯入度相关性最好,砂-岩复合地层和泥质粉砂岩地层中相关性相近,但需要指出的是,砾砂

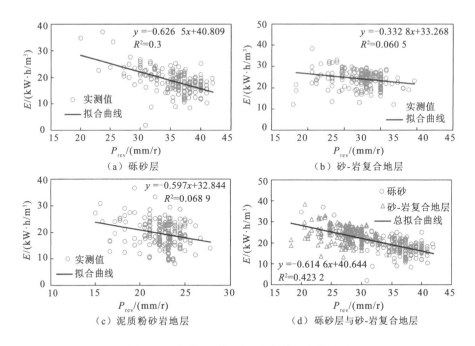

图 8-11　各类地层掘进比能与贯入度的关系

层中相关系数也仅为 0.3。综合三类地层来看,掘进比能与贯入度之间的相关性较单个地层显著提高,可采用下列线性函数表示两者关系:

$$E = -0.614\ 6P_{rev} + 40.644 \qquad (8\text{-}7)$$

式(8-7)表明对于南昌地区典型地层而言,随着 EPB 盾构刀盘切入土体的深度增加,切削开挖单位体积土体所消耗的能量减少,掘进速度得到同步提高。

计算结果表明:砾砂层、砂-岩复合地层和泥质粉砂岩地层掘进比能的变化范围分别为 $1.98 \sim 37.13\ \mathrm{kW \cdot h/m^3}$、$13.15 \sim 38.47\ \mathrm{kW \cdot h/m^3}$ 和 $8.17 \sim 36.71\ \mathrm{kW \cdot h/m^3}$,均值分别为 $18.59\ \mathrm{kW \cdot h/m^3}$、$24.23\ \mathrm{kW \cdot h/m^3}$ 和 $19.51\ \mathrm{kW \cdot h/m^3}$。可见,从 EPB 盾构掘进能量角度而言,砂-岩复合地层为 EPB 盾构施工的低效能地层,施工时应注意渣土改良;而砾砂层和泥质粉砂岩地层掘进比能相近,地层可掘性差异较小。

如图 8-12 所示为三类典型地层掘进比能与场切入指数之间的关系。由图可见:相比于掘进比能与贯入度之间的相关关系,掘进比能与场切入指数之间的相关关系更强;随着场切入指数的增大,EPB 盾构掘进比能随之增

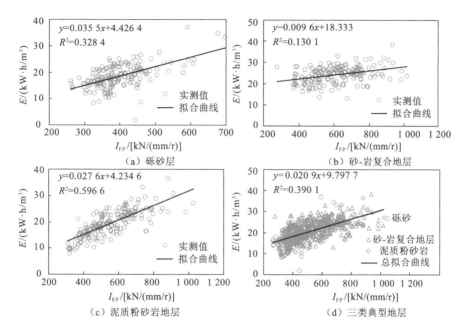

图 8-12　各类地层掘进比能与场切入指数的关系

大,两者间呈正相关关系;综合三类典型地层,可采用下列线性函数描述南昌地区典型地层掘进比能和场切入指数之间的相关关系:

$$E = 0.020\ 9 I_{FP} + 9.797\ 7 \tag{8-8}$$

表 8-8 汇总了三类典型地层的贯入度、场切入指数和掘进比能的变化范围和均值。

表 8-8　三类典型地层 EPB 盾构地层可掘性指标汇总

地层	贯入度 $P_{rev}/(mm/r)$		场切入指数 $I_{FP}/[kN/(mm/r)]$		掘进比能 $E/(kW \cdot h/m^3)$	
	变化范围	均值	变化范围	均值	变化范围	均值
砾砂层	20.00~42.00	35.46	261.19~696.93	398.84	1.98~37.13	18.59
砂-岩复合地层	18.33~34.62	27.15	275.49~1 019.69	613.63	13.15~38.47	24.23
泥质粉砂岩层	15.00~27.78	22.35	307.45~1 025.33	552.90	8.17~36.71	19.51

由表 8-8 可知:从贯入度而言,三类典型地层 EPB 盾构掘进的难易性由

高到低为泥质粉砂岩层＞砂-岩复合地层＞砾砂层;而从场切入指数和掘进比能而言,地层掘进的难易性为砂-岩复合地层＞泥质粉砂岩层＞砾砂层。

8.1.3 绳—六区间掘进参数控制效果评价

8.1.3.1 绳—六区间监测布置

根据相关规范工程监测等级的划分规定,绳—六区间监测等级划为二级。区间主要监测项目及控制值如表 8-9 所列。

表 8-9　绳金塔—六眼井站区间工程监测项目

序号	监测项目		控制值	变化速率
1	现场巡视观察		—	—
2	地表隆陷		＋10～－30 mm	3.0 mm/d
3	管片结构竖向位移		±20 mm	2 mm/d
4	管片结构净空收敛		±20 mm	2 mm/d
5	建(构)筑物竖向位移		±20 mm	2 mm/d
6	建(构)筑物裂缝		—	—
7	建(构)筑物倾斜		2.0‰	—
8	地下管线竖向位移	燃气管	±10 mm	2 mm/d
		自来水管	±10 mm	5 mm/d
		雨污管	±30 mm	5 mm/d

本节主要对前述掘进参数分析段内代表性测点监测值进行分析,以评价本工程掘进参数设置的合理性。

8.1.3.2 地表沉降监测值分析

如图 8-13 所示为各地层代表性测点处地表竖向位移随施工进程变化曲线。所选取的代表性测点均位于隧道左线轴线处,测点 DBC36-4 表示第 36 环横断面上第 4 个测点,其余类似。由图 8-13(a)、(b)可见,测点 DBC36-4、DBC84-4 和 DBC324-4 处地表竖向位移的变化较为符合盾构施工引起的地表位移特征:盾尾通过时地表沉降迅速增加,盾构施工后因土体固结引起土体的进一步沉降并逐渐收敛。由于盾构在全断面岩层中掘进时埋深较大,因此测点 DBC380-1 和 DBC460-1 处地表竖向位移变化较小,可见盾构在该地层掘进时对地表影响较小。

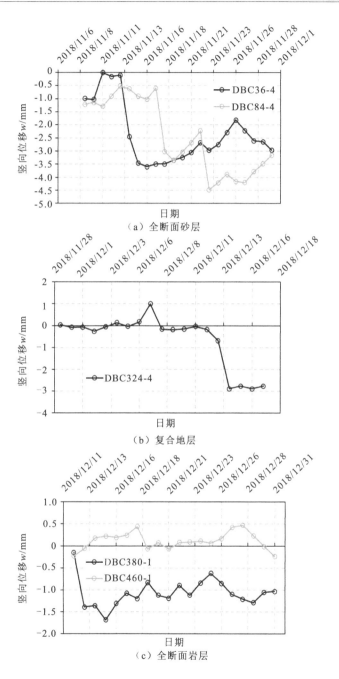

（a）全断面砂层

（b）复合地层

（c）全断面岩层

图 8-13　各地层地表代表性测点处竖向位移监测值

表 8-10 整理了所选测点的最大竖向位移值,可知各测点最大位移值分别为 -3.59 mm、-4.48 mm、-2.88 mm、-1.68 mm 和 $+0.47$ mm(负值代表沉降,正值代表隆起,下同),可见监测值远小于地表隆沉控制值,表明依托工程掘进参数控制较为合理可靠。

表 8-10　所选地表竖向位移测点最大竖向位移统计表

地层	测点	竖向最大位移 w_{max}/mm	控制值/mm	备注
全断面砂层	DBC36-4	-3.59		左线第 36 环
	DBC84-4	-4.48		左线第 84 环
复合地层	DBC324-4	-2.88	$+10 \sim -30$	左线第 324 环
全断面岩层	DBC380-1	-1.68		左线第 380 环
	DBC460-1	$+0.47$		左线第 460 环

8.1.3.3　周边风险源变形监测值分析

如图 8-14 所示为当盾构在全断面砂层掘进时,位于隧道影响范围内的铸铁供水管和邻近建筑物测点处的竖向位移监测值。GXC3-3 测点位于 DN300 铸铁供水管上,该管线与隧道轴线近似呈正交布置,埋深约为 0.8 m,测点处位于隧道左线第 27 环正上方;GXC3-13 测点位于 DN1200 铸铁供水管上,该管线与隧道轴线小角度相交,埋深 1.23 m,测点处位于隧道左线第 91 环正上方。建筑物沉降测点 JGC2-4 位于鑫辉苑商铺角点处,邻近隧道左线第 103 环;测点 JGC9-2、JGC9-3 均位于南昌市造纸厂厂房角点处,分别邻近隧道左线第 138 环和第 150 环处。

2018/11/13 和 2018/11/16 对应的施工工况分别为左线第 20 环和第 46 环隧道管片拼装,在该施工时段内盾构开挖面到达测点 GXC3-3,而后盾尾脱出;2018/11/17 和 2018/11/20 对应的施工工况分别为左线第 60 环和第 100 环隧道管片拼装,同样,在该施工时段内盾构开挖面到达测点 GXC3-13,而后盾尾脱出。由图 8-15(a)可见,两测点处管线均在该时段内发生了较大沉降,而后变形逐渐趋于稳定。相比于 GXC3-3 测点,GXC3-13 测点在盾构穿越施工前有一定的隆起变形,可能是由于开挖面支护压力略大导致;同时,该测点在盾构穿越沉降逐渐趋于稳定后又发生了二次沉降,可能是由于盾构施工后土体的固结沉降导致。

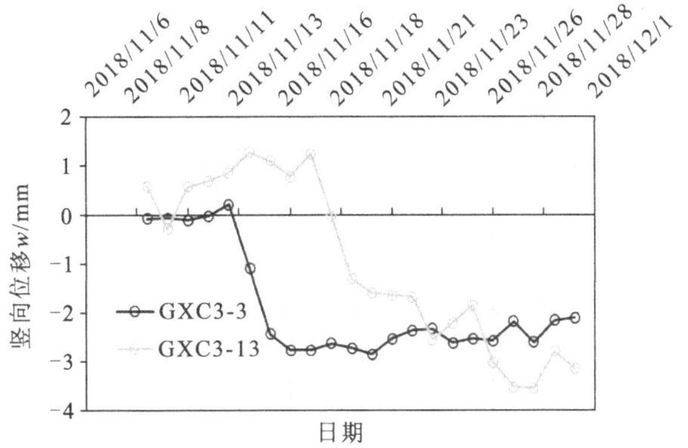

（a）供水管变形监测值

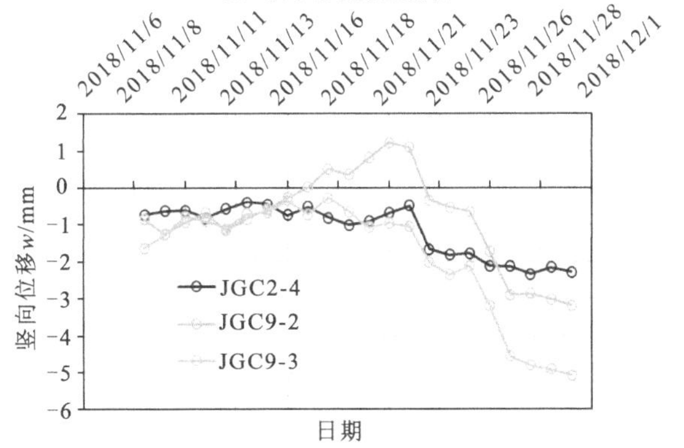

（b）建筑物变形监测值

图 8-14　全断面砂层邻近风险源代表测点竖向位移监测值

2018/11/19 和 2018/11/28 对应的施工工况分别为左线第 88 环和 148 环隧道管片拼装。由图 8-14（b）可见，相比于管线变形，建筑物沉降的发展相对滞后，即建筑物沉降主要是由于盾构施工后的土体固结沉降引起。由于在盾构穿越南昌市造纸厂时为控制厂房变形，适当提高了开挖面支护压力，使得测点 JGC9-2 竖向位移曲线在盾构穿越前有部分隆起。整体而言，JGC9-2 和 JGC9-3 竖向位移发展趋势一致，而由于 JGC9-3 测点位置更邻近隧道，因此其沉降值最大，达 5.08 mm，但远低于控制值，可见在本段落盾构施工时，盾构掘进参数控制良好。

如图 8-15 所示为当盾构在复合地层掘进时，位于隧道影响范围内的管线和邻近建筑物测点处的竖向位移监测值。其中，测点 GXC3-41、GXC3-45

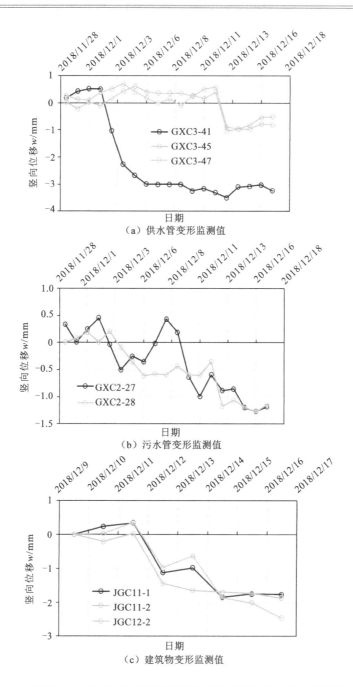

（a）供水管变形监测值

（b）污水管变形监测值

（c）建筑物变形监测值

图 8-15　砂-岩复合地层邻近风险源代表测点竖向位移监测值

和 GXC3-47 位于 DN1200 铸铁供水管上,测点处供水管沿隧道轴向平行敷设,埋深 1.23 m,测点分别位于隧道左线 266 环、291 环和 303 环正上方;测点 GXC2-27 和 GXC2-28 位于 DN600 钢筋混凝土雨水箱涵上,测点处管线走向同样与隧道轴线平行,测点分别位于隧道左线 288 环和 299 环正上方;测点 JGC11-1 和 JGC11-2 位于南昌市第三医院宿舍 1 栋角点处,分别邻近隧道左线第 305 环和第 313 环处;测点 JGC12-2 位于南昌市第三医院宿舍 2 栋角点处,测点位置邻近隧道左线第 319 环。

由图 8-15(a)可见测点 GX3-41 在 2018/12/2～2018/12/6 时段内产生了较大的沉降变形,而这一时段对应的施工工况为左线第 212 环至 268 环隧道管片拼装。可见,盾构即在这一时段内下穿该测点处管线施工,遂引起管线竖向沉降。测点 GXC3-45 和 GXC3-47 位置相近,因此其竖向位移曲线发展趋势基本一致,但其产生沉降的时段略滞后于隧道穿越施工。

由图 8-15(b)可见,相比于供水管变形,雨水箱涵变形收敛性较差。测点 GXC2-27 沉降变形主要发生在 2018/12/8～2018/12/11 时段内,该时段对应的施工工况为左线 270 环至 342 环管片拼装,即盾构在这一时段内穿越测点处管线。相对而言,测点 GXC2-28 沉降发展相对滞后。

由图 8-15(c)可见,所选建筑物测点沉降主要发生在 2018/12/12～2018/12/15 时段内,其后测点处变形逐渐趋于稳定。该时段对应的施工工况为左线第 351 环至 380 环隧道管片拼装,可见同全断面砂层处建筑物沉降发展规律一致,即建筑物沉降主要由隧道穿越施工后的土体固结沉降所致。

如图 8-16 所示为当盾构全断面岩层掘进时,位于隧道影响范围内的管线和邻近建筑物测点处的竖向位移监测值。其中,测点 GXC3-70 和 GXC3-83 分别位于 DN200 和 DN300 的铸铁供水管上,测点处供水管沿隧道轴向平行敷设,测点分别位于隧道左线 443 环和 508 环正上方;测点 GXC2-41 和 GXC2-42 位于 DN600 钢筋混凝土雨水箱涵上,测点处管线走向同样与隧道轴线平行,测点分别位于隧道左线 483 环和 496 环正上方;测点 JGC15-1 和 JGC16-1 位于南昌市象山南路 3 号民宅和 5 号民宅邻近左线隧道角点处,分别邻近隧道左线第 402 环和第 419 环处。

由图 8-16(a)可见,测点 GXC3-70 在 2018/12/17～2018/12/22 时段内产生了隆起变形,最大隆起量为 1.01 mm。2018/12/22 对应的施工工况为左线第 463 环隧道管片拼装,因此该测点隆起的原因可能是由于盾尾注浆压

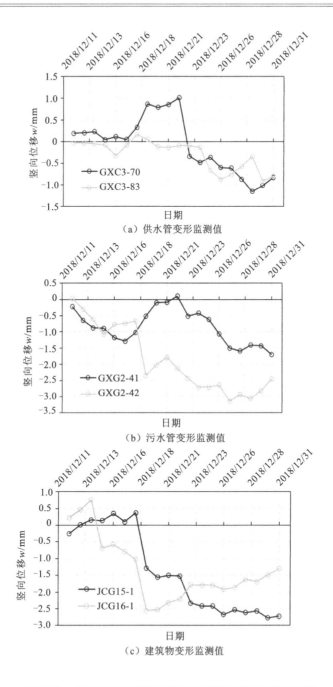

（a）供水管变形监测值

（b）污水管变形监测值

（c）建筑物变形监测值

图 8-16　全断面岩层邻近风险源代表测点竖向位移监测值

力略大,但在 2018/12/22 后该测点产生沉降,并随着时间的推进逐渐趋于稳定。测点 GXC3-83 在 2018/12/24~2018/12/26 时段内产生沉降,该时段也刚好是盾构下穿测点处管线施工时间,在盾构穿越后测点变形也逐渐趋于稳定。

由图 8-16(b)可见,测点 GXC2-41 竖向变形呈现先沉降后回弹再沉降的特征,但在盾构通过产生沉降后变形逐渐收敛。测点 GXC2-42 在 2018/12/18~2018/12/25 时段内发生了显著沉降,其后变形逐渐趋于稳定。该时段对应的施工工况为左线第 431 环至 502 环隧道管片拼装,即盾构在该时段内完成下穿测点处管线施工。

由图 8-16(c)可见,由于测点 JGC15-1 和 JGC16-1 位置相近,因此它们的沉降显著发生时段相似,均为 2018/12/18~2018/12/23 时段,同前述一致。该沉降也主要是由于盾构施工后土体的固结沉降导致。

表 8-11 统计了前述所选测点的最大竖向位移值。由表可见,各风险源代表性测点处竖向位移值远小于控制值,表明各段落盾构掘进参数控制较为合理。

表 8-11 所选风险源测点最大竖向位移统计表

地层	测点	风险源	最大竖向位移 w_{max}/mm	控制值 /mm	备注
全断面砂层	GXC3-3	DN300 供水管	−2.84	±10	左线 27 环
	GXC3-13	DN1200 供水管	−3.54		左线 91 环
	JGC2-4	鑫辉苑商铺	−2.34	±20	左线 103 环
	JGC9-2	南昌市造纸厂厂房	−3.19		左线 138 环
	JGC9-3	南昌市造纸厂厂房	−5.08		左线 150 环
砂-岩复合地层	GXC3-41	DN1200 供水管	−3.49	±10	左线 266 环
	GXC3-45		−0.95		左线 291 环
	GXC3-47		−1.04		左线 303 环
	GXC2-27	DN600 雨水箱涵	−1.27	±30	左线 288 环
	GXC2-28		−1.28		左线 299 环
	JGC11-1	第三医院宿舍 1 栋	−1.84	±20	左线 305 环
	JGC11-2		−1.87		左线 313 环
	JGC12-2	第三医院宿舍 2 栋	−2.46		左线 319 环

表 8-11(续)

地层	测点	风险源	最大竖向位移 w_{max}/mm	控制值 /mm	备注
全断面岩层	GXC3-70	DN200 供水管	-1.15	±10	左线 443 环
	GXC3-83	DN300 供水管	-0.91		左线 508 环
	GXC2-41	DN600 雨水箱涵	-1.70	±30	左线 483 环
	GXC2-42		-3.14		左线 496 环
	JGC15-1	象山南路 3 号民宅	-2.77	±20	左线 402 环
	JGC16-1	象山南路 5 号民宅	-2.55		左线 419 环

8.2 大坡度条件下富水砾砂层盾构隧道开挖面稳定性分析

8.2.1 大坡度条件下盾构隧道开挖面稳定性解析计算

8.2.1.1 楔形体模型基本原理

Horn 于 1961 年首次提出了基于筒仓理论的均匀软质地层中的隧道开挖面稳定性的计算模型,如图 8-17 所示。图中,$COAB$ 为隧道开挖面,$NKLM$ 为地表,$JGHI$ 为地下水位面。楔形体 $ABCOEF$ 为隧道开挖面失稳时下滑土体,$ABFE$、AOE、BCF 为滑动面,柱体 $COEF-MNKL$ 为下滑土体 $ABCOEF$ 所带动的上部下沉土体,ω 为土体破裂角。

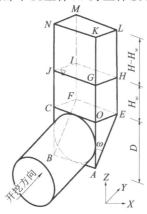

图 8-17 基于筒仓理论的计算模型

计算时取下部楔形体中的面 $ABCO$ 的面积与圆形开挖面的面积大致相等,此时,楔形体的宽 $L_{AB}=D$,国外也有学者采用 $L_{AB}=\pi D/4$ 或 $L_{AB}=1.8D$。此后有学者对此模型进行了发展和应用,验证了模型的可靠性。这种方法的基本思路是:通过考虑下部楔形体和上部棱柱体的极限平衡状态,列出分析体水平和竖直方向上的平衡方程来进行求解,从而得到开挖面上的极限支护力即为维持开挖面稳定所需要的最小支护力。该模型求解的关键是确定开挖面前方的土体破裂角 ω。

8.2.1.2　大坡度条件下开挖面极限支护力推导

极限平衡法分析前,先假定破坏面的形式为平面,且破坏面上各点都满足屈服极限,以此建立力或力偶的静力平衡方程求解。对楔形体进行受力分析和平衡分析,如图 8-18 所示。

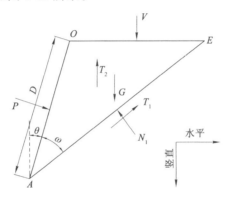

图 8-18　楔形体力的平衡分析

图 8-18 所示的理想情况下的盾构开挖面失稳的几何模型中,在考虑前方土体破裂角 ω 的同时,引入顺坡坡度角 θ,坡度角 θ 可以由线路坡度经过简单换算得到。为了简化推导,进行如下假定:

① 开挖面的破坏范围由楔形体和棱柱体构成;

② 楔形体顶面和倾斜滑动面应力均匀分布;

③ 土体认为是刚塑性材料,服从莫尔-库仑破坏准则,则滑裂面的抗剪公式为:

$$\tau = c + \sigma \tan \varphi \tag{8-9}$$

式中:c 为土体黏聚力;φ 为土体摩擦角;σ 为滑裂面上的总应力。

假定开挖面前方楔形土体 $ABCOEF$ 有下滑趋势,处于极限平衡状态,即隧道开挖面处在即将失稳的情况，考虑楔形体的平衡，进行受力分析，建立水平和竖直两个方向上的平衡方程如下：

水平：

$$P\cos\theta + T_1\sin\omega = N_1\cos\omega \tag{8-10}$$

竖直：

$$V + G = T_1\cos\omega + N_1\sin\omega + 2T_2 - P\sin\theta \tag{8-11}$$

式中：P 为开挖面 $ABCO$ 上的支护压力；T_1 和 N_1 分别为倾斜滑动面 $ABFE$ 上的剪力和压力；V 为筒仓理论计算模型中棱柱体作用于楔形体上的竖向力；G 为楔形体自重；T_2 为竖直滑动面 AOE、BCF 上的剪力；θ 为线路坡度角；ω 为土体破裂角。

接下来进行 P 和 θ、ω 关系的推导计算。

（1）楔形体自重 G

由楔形体的几何关系可得：

$$G = \gamma D S_{\triangle AOE} \tag{8-12}$$

整理得：

$$G = \frac{\gamma D^3\cos^2\theta(\tan\omega - \tan\theta)}{2} \tag{8-13}$$

式中：G 为楔形体自重；γ 为楔形体内部土体重度；D 为隧道开挖直径；$S_{\triangle AOE}$ 为滑动面 AOE 的面积；其余符号意义同前。

（2）棱柱体作用在楔形体上的力 V

根据相关文献和 H. A. Janssen 的筒仓公式，可得作用于楔形体 $COEF$ 面上的竖向应力 σ_V 为：

$$\sigma_V = \sum\left[\frac{\gamma_i r - c_i}{\lambda\tan\varphi_i}\left(\mathrm{e}^{-\lambda(\tan\varphi_i)(H_i/r)} - \mathrm{e}^{-\lambda(\tan\varphi_i)(H_{i+1}/r)}\right)\right] \tag{8-14}$$

又由假定③，可得棱柱体作用于楔形体上表面的竖向力 V：

$$V = \sigma_V D^2\cos\theta(\tan\omega - \tan\theta) \tag{8-15}$$

式中：σ_V 为柱体作用于楔形体顶面 $COEF$ 上的竖向应力；λ 为 H. A. Janssen 筒仓理论中水平方向与竖直方向应力比值，对于棱柱体 $\lambda = 0.8$，对于楔形体 $\lambda = 0.4$；γ_i 为第 i 层土体的重度；r 为棱柱体部分的水力半径，$r = D\cos\theta(\tan\omega - \tan\theta)/[1 + \cos\theta(\tan\omega - \tan\theta)]$；$H_i$ 为第 i 层土体底部到盾构机顶部距离；其余符号意义同前。

（3）倾斜滑动面 $ABEF$ 上的剪力 T_1

土体材料假定为刚塑性体,且满足假定②,则整理可得:

$$T_1 = (c + \sigma \tan \varphi) S_{ABEF} \qquad (8\text{-}16)$$

整理得到:

$$T_1 = \frac{c D^2 \cos \theta}{\cos \omega} + N_1 \tan \varphi \qquad (8\text{-}17)$$

式中:T_1,N_1 分别为滑动面 $ABFE$ 上的剪力和压力,S_{ABEF} 为倾斜滑动面 $ABFE$ 的面积。

(4) 竖直滑动面 AOE、BCF 上的剪力 T_2

竖直滑动面 AOE、BCF 上剪力 T_2 可以按照图 8-19 所示进行计算。

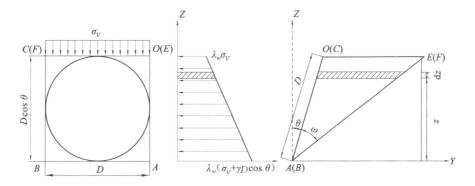

图 8-19　剪力 T_2 计算图示

根据相关文献,假定楔形体 AOE、BCF 滑动面上的竖向应力随深度呈线性增加,楔形体顶面 $COEF$ 上的竖向应力为 σ_V,则滑动面 $AOE(BCF)$ 各点处的竖向应力 $\sigma_V(z)$ 为:

$$\sigma_V(z) = \sigma_V + \left(\gamma - \frac{\sigma_V}{D\cos \theta}\right)(D\cos \theta - z) \qquad (8\text{-}18)$$

式中,z 的范围为:$0 \leqslant z \leqslant D\cos \theta$。

由筒仓理论可得 $AOE(BCF)$ 滑动面上任意点处的侧压力为:

$$\sigma_z(z) = \lambda_\omega \sigma_V(z) \qquad (8\text{-}19)$$

取 $AOE(BCF)$ 滑动面上一微元面积,则作用于该微元面积上的剪力 $\mathrm{d}T_2$ 为:

$$\mathrm{d}T_2 = [c + \sigma_z(z) \tan \varphi] \mathrm{d}S \qquad (8\text{-}20)$$

即:

$$dT_2 = [c + \sigma_z(z)\tan\varphi](\tan\omega - \tan\theta)z\,dz \tag{8-21}$$

于是可求得作用于 $AOE(BCF)$ 滑动面上的剪力 T_2：

$$T_2 = \int_0^{D\cos\theta} dT_2 \tag{8-22}$$

将式(8-19)~式(8-21)代入式(8-22)并整理得：

$$T_2 = \frac{1}{2}D^2\cos^2\theta(\tan\omega - \tan\theta)\left[c + \lambda_\omega\tan\varphi\left(\frac{2}{3}\sigma_V + \frac{1}{3}\gamma D\cos\theta\right)\right] \tag{8-23}$$

将式(8-13)、式(8-15)、式(8-22)、式(8-23)代入式(8-10)、式(8-11)联立即可求得顺坡盾构施工时，开挖面极限支护力 P 的表达式为：

$$P = D^2\left\{\cos^2\theta(\tan\omega - \tan\theta)\left[c + \lambda_\omega\tan\varphi\left(\frac{2}{3}\sigma_V + \frac{1}{3}\gamma D\cos\theta\right) - \right.\right.$$
$$\left.\frac{\sigma_V}{\cos\theta}\frac{1}{2}\gamma D\right] + c\cos\theta\left(1 + \frac{\tan\omega}{\cot\varphi - \tan\omega} + \frac{\tan\omega}{\cot\omega - \tan\varphi}\right)\right\} /$$
$$\left(\sin\theta - \frac{\cos\theta}{\cot\varphi - \tan\omega} - \frac{\cos\theta}{\cot\omega - \tan\varphi}\right) \tag{8-24}$$

由式(8-24)可知，对于某一特定工程，顺坡的坡度角是一定的，此时的支护力 P 仅是破裂角 ω 的函数 $P = f(\omega)$。将不同的破裂角代入式(8-24)进行编程求解，得到 P_{max} 和 P_{max} 所对应的 ω，即为维持开挖面稳定所需的最小支护力和土体极限平衡时的破裂角。

8.2.1.3 实例计算与分析

南昌地铁 3 号线绳—六区间采用两台土压平衡式盾构机进行双线圆形盾构掘进。其隧道内径为 5.4 m、外径为 6.0 m，盾构掘进至第 125 环时，开挖面顶部与地面的距离约为 12 m，顺坡坡度为 27‰，坡度角约为 2°。此区间主要地质情况从上往下为：杂填土、粉质黏土、细砂、砾砂。隧道地层条件及计算参数见表 8-12 和图 8-20。

表 8-12　各土层计算参数

土层名称	重度 γ/(kN/m³)	内摩擦角 φ/(°)	黏聚力 c/kPa
杂填土	18.6	10	8
粉质黏土	19.1	12	39.3
细砂	19.2	22	0
砾砂	19.6	30	0

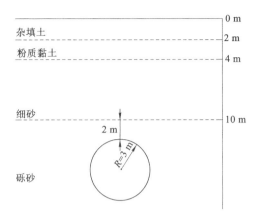

图 8-20　计算地层分布

以上述实例为基础,自行编制了 Matlab 程序,分别计算了顺坡坡度角 $\theta \in [0°, 20°]$(对应的线路坡度为 $[0, 36.4\%]$)范围内的盾构隧道开挖面的极限支护力 P,计算结果见表 8-13 及图 8-21～图 8-23。

表 8-13　各线路坡度时开挖面极限支护力 P 计算结果

坡度角 θ/(°)	破坏角 ω/(°)	极限支护力 P/kN	极限平均支护压力 p/kPa
0	41	2 906.60	80.74
1	41	2 831.50	78.65
2	41	2 755.66	76.55
3	42	2 680.62	74.46
4	42	2 606.41	72.40
5	42	2 531.47	70.32
6	43	2 457.20	68.26
7	43	2 384.02	66.22
8	43	2 310.12	64.17
9	44	2 236.76	62.13
10	44	2 164.78	60.13
11	44	2 092.10	58.11
12	45	2 019.83	56.11
13	45	1 949.26	54.15

表 8-13(续)

坡度角 θ/(°)	破坏角 ω/(°)	极限支护力 P/kN	极限平均支护压力 p/kPa
14	45	1 877.99	52.17
15	46	1 807.05	50.20
16	46	1 738.12	48.28
17	46	1 668.54	46.35
18	47	1 599.19	44.42
19	47	1 532.18	42.56
20	47	1 464.59	40.68

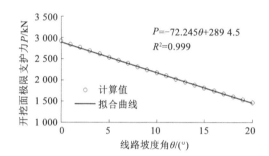

图 8-21　P-θ 关系曲线图

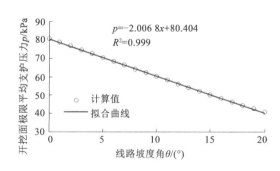

图 8-22　p-θ 关系曲线图

从图 8-21 和图 8-22 中分析可得出以下主要结论：

① 绳—六区间顺坡盾构区间的线路坡度为 27‰,由现场资料得知,开挖至第 125 环,及计算所使用的底层条件下,土仓压力值为 105 kPa。本书的

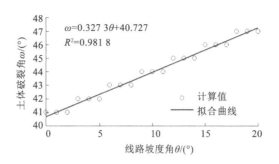

图 8-23　ω-θ 关系曲线图

计算结果显示线路坡度 27‰时,即线路坡度约为 $2°$ 时平均极限支护压力 p 为 76.55 kPa。在实际施工时,为保证施工安全往往增设一个约为 20 kPa 的安全压力值,因此,若扣除该安全压力值,可见实际土仓压力略大于计算的极限支护压力,与现场实测值吻合良好,符合实际施工要求,表明本书所推导的计算方法是可靠的。

② 维持盾构隧道开挖面稳定的极限支护力 P 或极限平均支护压力 p 随线路坡度的增大而明显减小。通过曲线拟合得到的线性拟合相关性系数 R^2 均为 0.999,可见其变化趋势呈线性特征。

③ 随着线路顺坡坡度的增大,盾构隧道开挖面前方土体的破裂角逐渐增大,由图 8-23 可知其近似呈线性趋势变化,顺坡坡度 θ 和土体的破裂角 ω 两者之和或差并没有明显呈现出为一常数的特征。

综上所述,顺坡条件下,盾构隧道开挖面的稳定性计算与平坡条件存在区别,且坡度对稳定性的影响明显,在实际施工中应予以充分考虑,以更准确地预计开挖面极限支护力,以对实际施工起到更好的指导作用。

8.2.2　大坡度条件下土压平衡盾构隧道开挖面稳定性数值模拟分析

数值模拟方法在隧道开挖引发的地层变形分析中得到了广泛应用,本节以绳—六区间隧道盾构大坡度掘进为工程背景,采用数值方法进行富水砾砂层盾构大坡度掘进时的开挖面稳定性分析,以期为盾构掘进施工时开挖面支护力的设置提供参考。

8.2.2.1　数值计算模型

考虑多工况计算的计算效率,采用 ABAUQS 软件建立 2D 隧道开挖面稳定性分析模型,对隧道施工诱发的地层变形进行模拟。所建立的数值模型如图 8-24 所示,模型集合尺寸为 50 m×45 m(长度×深度)。模型中地下水设置于地表处,模型上边界设置为自由面且透水,左右边界为法向约束和透水边界,底部为约束水平和竖直方向位移,且为不透水边界。由于本节重点讨论富水砾砂层中盾构隧道开挖面稳定性问题,因此,在模型中地层为单一地层,采用含孔压自由度的 4 节点平面应变单元(CPE4P)模拟。

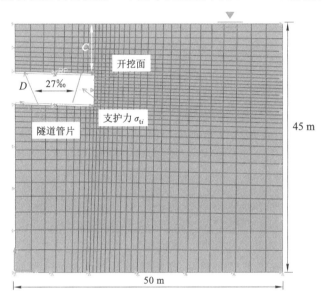

图 8-24　大坡度盾构隧道开挖面稳定性分析数值模型

模型中隧道埋深 $C=9.0$ m,隧道直径 $D=6.0$ m,覆径比 $C/D=1.5$。采用莫尔-库仑模型模拟土体的力学行为,土体参数取依托工程盾构主要穿越的砾砂层参数,即:土体干重度 $\gamma_d=16.5$ kN/m³,饱和重度 $\gamma_{sat}=19.8$ kN/m³,孔隙比 $e=0.5$,渗透系数 $k=120$ m/d$=0.001\ 4$ m/s,弹性模量 $E_s=35$ MPa,泊松比 $\mu=0.28$,黏聚力 $c=0$ kPa,内摩擦角 $\varphi=30°$,静止侧压力系数 $K_0=0.35$。

同时,为避免隧道开挖的影响,将已开挖部分的管片设置为刚体且不透水,约束衬砌管片水平方向和竖向位移。

8.2.2.2　数值模拟过程

盾构隧道施工是盾构逐渐向前推进的过程,支护压力不足引起开挖面变形扩大进而导致地表沉降。在模拟过程中,采用一次性开挖至一定距离

(15 m)后施加大小为静止土压力的支护压力(σ_{t0}),然后随着分析步骤的进行,逐渐减小开挖面支护压力(σ_{ti}),从而可以研究土体变形和破坏模式。具体过程可归纳如下:

(1)建立隧道开挖面三维有限元模型,并进行初始地应力平衡;

(2)开挖隧道至一定距离(15 m),对隧道侧壁施加位移约束,对开挖面施加大小与侧向静止土压力相同的呈梯形分布的支护力,计算使模型达到平衡;

(3)逐渐减小开挖面处的支护压力,记录不同支护压力时的开挖面中心点处的水平位移;

(4)当支护压力仅有微小的衰减而产生较大位移时,说明支护压力接近极限值,开挖面接近破坏,当模型计算无法收敛时,说明已达到整体破坏状态,计算终止。

8.2.2.3　数值计算结果分析

图 8-25 所示为不同工况下隧道开挖面中心点水平位移随支护压力比($F_s = \sigma_{ti}/\sigma_{t0}$)的变化曲线。分析时极限支护压力比取支护压力比仅有微小衰减而开挖面中心点水平位移发生急剧变化时的值,即取曲线拐点处的支护压力比。由计算结果可知:当线路坡度为 0 时,不考虑地下水渗透力影响时(干砂)开挖面极限支护压力比为 0.20,考虑地下水渗流影响时开挖面极限支护压力比为 0.31;当线路坡度为 27‰(顺坡)时,不考虑地下水渗透力影响时(干砂)开挖面极限支护压力比为 0.19,考虑地下水渗流影响时开挖面极

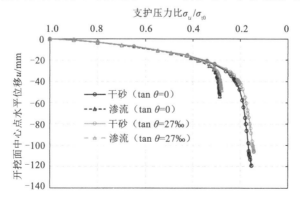

图 8-25　开挖面中心点水平位移随支护压力比的变化曲线

限支护压力比为 0.29。可见,当考虑地下水渗透力影响时,需要更大的极限支护压力来维持开挖面稳定,这表明在富水砾砂层进行盾构施工时,土仓支护压力的设定需较干砂地层更为保守。此外,线路坡度对极限支护压力比有一定的影响,当顺坡掘进时,线路坡度有利于维持开挖面的稳定。

由图 8-25 可见,四种工况下开挖面水平位移变化曲线的形态是一致的,表明四种工况下由于隧道开挖面失稳引起的土体破坏过程是一致的,即经历了弹性变形、塑性变形及破坏失稳阶段。因此,在下述土体位移场分析时以线路坡度为 27‰(顺坡),并且考虑流固耦合效应的工况进行分析。

图 8-26 所示为该工况下,支护压力比分别为 0.55、0.28、0.31、0.29 和 0.28 时的地表竖向位移曲线。由图可见,随着支护压力比的减小,地表沉降逐渐增大,且地表沉降分布形态也产生了较大的差异。随着支护压力比的减小,地表最大沉降发生位置不断向开挖面位置靠近,沉降曲线的对称性显著降低,当支护压力比超过极限支护压力比(0.29)后,地表沉降显著增大。由计算结果可知,支护压力比分别为 0.55、0.38、0.31、0.29 和 0.28 时,地表最大沉降分别为 2.34 mm、5.87 mm、9.40 mm、13.04 mm 和 22.79 mm。

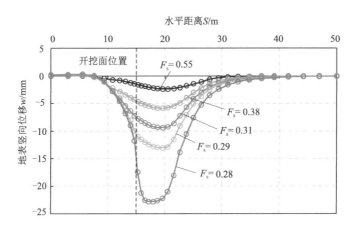

图 8-26 不同支护压力比下地表竖向位移曲线

图 8-27 所示为考虑地下水影响,线路坡度分别为 0 和 27‰(顺坡)时不同支护压力比条件下地层变形云图。由图可见,整体上线路坡度为 27‰ 和平坡条件下,由于开挖面支护力不足引起的地层失稳模式及其发展过程是一致的。在支护压力比刚开始减小时,土体变形区主要集中在开挖面前方,

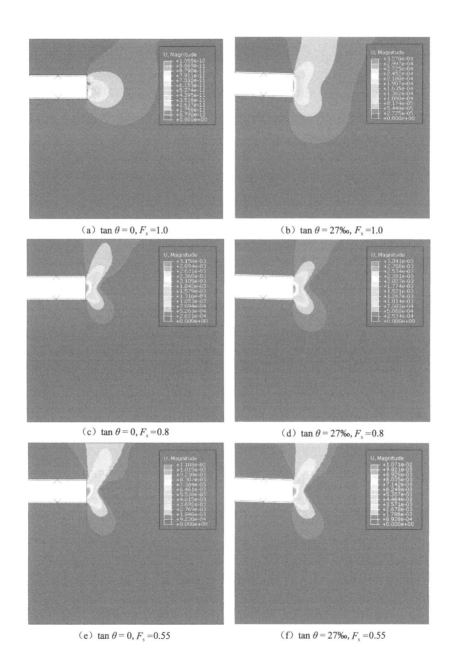

（a）tan θ = 0, F_s =1.0　　　　　　　（b）tan θ = 27‰, F_s =1.0

（c）tan θ = 0, F_s =0.8　　　　　　　（d）tan θ = 27‰, F_s =0.8

（e）tan θ = 0, F_s =0.55　　　　　　（f）tan θ = 27‰, F_s =0.55

图 8-27　不同支护压力比条件下地层变形云图

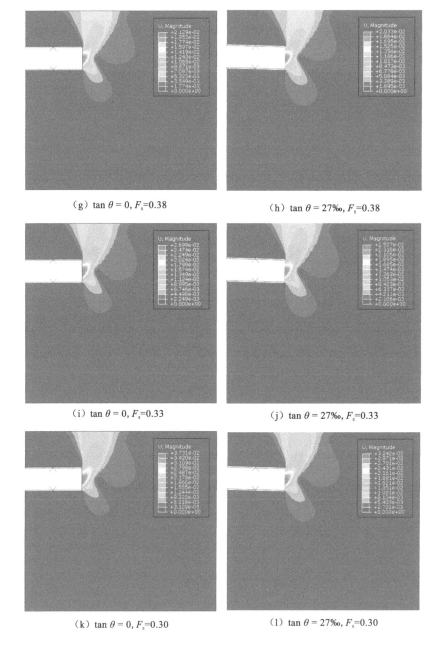

（g）tan θ = 0, F_s=0.38　　　　　　　　　（h）tan θ = 27‰, F_s=0.38

（i）tan θ = 0, F_s=0.33　　　　　　　　　（j）tan θ = 27‰, F_s=0.33

（k）tan θ = 0, F_s=0.30　　　　　　　　　（l）tan θ = 27‰, F_s=0.30

图 8-27　（续）

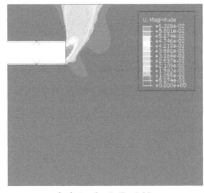 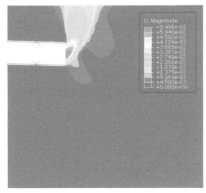

（m）$\tan \theta = 0$，$F_s = 0.29$　　　　　　　（n）$\tan \theta = 27\%$，$F_s = 0.28$

图 8-27　（续）

近似呈鱼尾状分布，对整体地层影响较小；随着支护压力比的进一步减小，在开挖面前方形成的近似鱼尾状分布的变形集中区开始扩展，变形区变形增大，拱顶区"鱼尾"逐渐发展，初步形成一条变形集中路线，楔形变形区逐渐形成；当支护压力比减小至极限支护压力比（$F_s = 0.29$）时，拱顶处"鱼尾"状变形区充分发展，楔形变形区形成，开挖面前面土体滑动破裂面形状开始显现，地表开始出现明显沉降；随着支护压力比的进一步减小，筒仓状变形区形成，变形区直通地表，在开挖面正上方形成一条竖直的滑裂面、在开挖面前方形成一条楔形滑裂面，开挖面失稳破坏，在顶部形成一个塌陷漏斗。

如图 8-28 所示为考虑地下水影响，线路坡度分别为 0 和 27‰（顺坡）时不同支护压力比条件下地层位移矢量图。图 8-28 更好地显示了随着开挖面支护压力的减小，地层的运动过程。与前述结论一致，线路坡度的影响在既有的计算结果中影响并不显著，对于线路坡度的影响将在后节展开详细讨论。由图可见，随着开挖面支护压力的减小，开挖面处土体运动方向逐渐由水平方向向隧底方向偏转。当开挖面失稳破坏时，滑动区土体沿着由开挖面底部贯穿的滑动带向隧道内挤出，在开挖面前方形成筒仓状塌陷区。

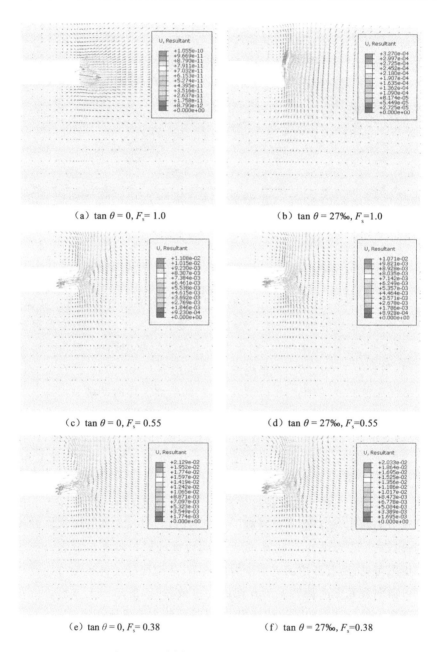

（a）tan $\theta = 0$, $F_s = 1.0$ （b）tan $\theta = 27‰$, $F_s = 1.0$

（c）tan $\theta = 0$, $F_s = 0.55$ （d）tan $\theta = 27‰$, $F_s = 0.55$

（e）tan $\theta = 0$, $F_s = 0.38$ （f）tan $\theta = 27‰$, $F_s = 0.38$

图 8-28　不同支护压力比下地层位移矢量图

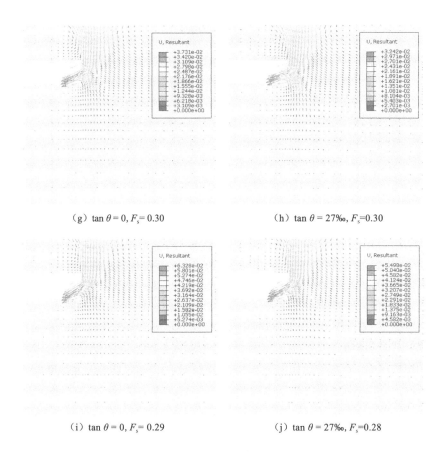

（g）tan $\theta = 0$，$F_s = 0.30$　　　　　　（h）tan $\theta = 27‰$，$F_s = 0.30$

（i）tan $\theta = 0$，$F_s = 0.29$　　　　　　（j）tan $\theta = 27‰$，$F_s = 0.28$

图 8-28　（续）

8.2.3　土压平衡盾构隧道开挖面稳定性影响因素分析

8.2.3.1　隧道覆径比影响

既有研究表明，隧道覆径比（C/D）对开挖面稳定性有着显著影响，本节以前述数值模型为基础讨论不同覆径比下富水砾砂层盾构隧道开挖面极限支护力的变化情况。绳—六区间隧道埋深 8.49～27.14 m，隧道直径 6 m。如图 8-29 所示为隧道埋深分别为 6 m、12 m、18 m 和 24 m，即覆径比分别为 1、2、3 和 4 时开挖面中心点水平位移随支护压力比的变化曲线。

由图 8-29 可见，随着覆径比的不断增大，开挖面中心点水平位移变化曲线不断前移，曲线发展趋势逐渐趋于缓和。按前述开挖面失稳时极限支护力确

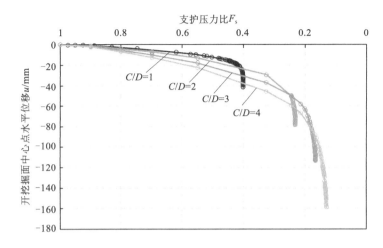

图 8-29   不同覆径比下开挖面中心点水平位移变化曲线

定方法获得不同覆径比下的极限支护压力比,并将其绘制在图 8-30 中。

由图 8-30 可见,随着隧道覆径比的不断增大,开挖面极限支护压力比不断减小,曲线逐渐趋于平缓。可见开挖面极限支护压力与隧道覆径比呈非线性相关关系,随着覆径比的增大呈指数型减小。可以预见,随着覆径比的不断增大,开挖面极限支护压力逐渐趋于一稳定值。

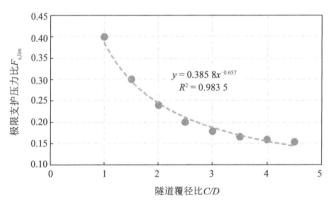

图 8-30   开挖面极限支护压力比随隧道覆径比的变化曲线

8.2.3.2   线路坡度角影响

图 8-31 所示为顺坡掘进时,不同线路坡度下开挖面中心点水平位移随支护压力比的变化曲线。计算时,隧道覆土厚度 $C=12$ m,即覆径比 $C/D=2.0$,其他

计算参数同前述模型一致。由图可见,相比于平坡条件,顺坡掘进时,线路坡度的存在有利于开挖面稳定。随着线路坡度角的增大,开挖面失稳时的极限支护压力比不断增大。

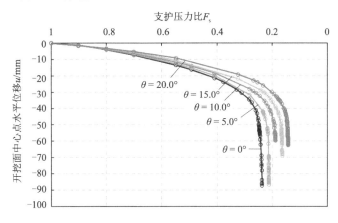

图 8-31　不同线路坡度角时开挖面中心点水平位移
随支护压力比变化曲线(顺坡)

　　图 8-32 所示为顺坡时开挖面极限支护压力比随线路坡度角的变化曲线。由图可见,顺坡时开挖面极限支护压力比与线路坡度呈线性相关,随着坡度的增大,开挖面极限支护压力比线性减小。这与前述解析计算所得规律是一致的。由计算结果可知,平坡条件下,即 $\theta=0°$ 时,开挖面极限支护压

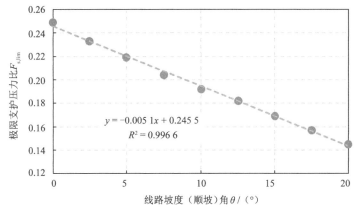

图 8-32　开挖面极限支护压力比随线路坡度角(顺坡)变化曲线

力比 $F_{s,lim} = 0.25$；当线路坡度角增大到 20°时，开挖面极限支护压力比降为 0.15，减小了 40％。

图 8-33 所示为迎坡掘进时，不同线路坡度角下开挖面中心点水平位移随支护压力比变化曲线。计算条件同顺坡时一致。由图可见，迎坡条件下开挖面极限支护压力比随线路坡度角的变化情况与顺坡条件恰好相反。可见，在迎坡条件下，线路坡度的存在对开挖面稳定性不利，为保持开挖面稳定，土仓压力应略大于水平方向的静止土压。

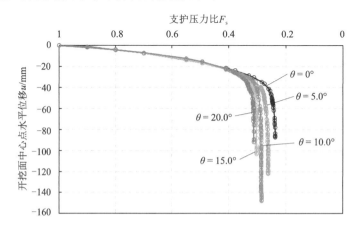

图 8-33　不同线路坡度角时开挖面中心点水平位移
随支护压力比变化曲线(迎坡)

图 8-34 所示为迎坡条件下开挖面极限支护压力比与线路坡度角相关关系。由图可见，在迎坡掘进时，开挖面极限支护压力比随着线路坡度的增大而增大，两者呈正相关，与顺坡掘进时刚好相反。回归结果表明，两者之间相关系数达 0.99，回归效果显著。相比于平坡工况，当线路坡度角增大到 20°时，开挖面极限支护压力比为 $F_{s,lim} = 0.34$，增大 36％。

结合图 8-32 和图 8-34 可见，顺坡、迎坡条件下极限支护压力比与线路坡度角相关关系拟合曲线的斜率分别为 -0.005 1 和 0.004 5。可见，整体而言，顺坡和迎坡条件下，线路坡度角对开挖面极限支护压力的影响程度是相近的。同时，计算结果表明，线路坡度角对开挖面稳定性具有显著影响，在大纵坡盾构隧道施工时开挖面支护压力的设置应考虑线路坡度的影响。

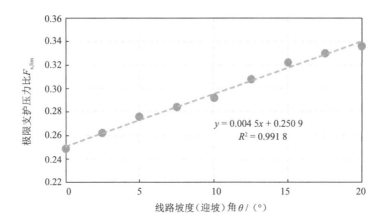

图 8-34　开挖面极限支护压力比随线路坡度角变化曲线(迎坡)

8.3　深浅埋条件下总推力统一计算方法研究

8.3.1　土压平衡盾构掘进总推力计算模型

8.3.1.1　盾构掘进总推力组成分析

土压平衡盾构总推力由各个分项阻力组成,通常包括盾构正面阻力、盾构壳体表面和土体之间摩擦阻力、刀具贯入土体受到的阻力、变向阻力、盾尾管片与壳板之间的摩擦阻力和后方台车的牵引阻力等。盾构掘进推力主要由盾构正面阻力和盾壳摩阻力构成,占95%总推力以上,故本书计算模型仅考虑这两项阻力,即:

$$F = F_1 + F_2 \tag{8-25}$$

式中:F 为盾构总推力;F_1 为盾构正面阻力;F_2 为盾构壳体表面与土体之间摩阻力。

8.3.1.2　盾构正面阻力计算

根据土力学理论,盾构掘进的正面阻力由侧向土压力引起,盾构安放位置如图 8-35(a)所示,盾构正面阻力示意图如图 8-35(b)所示。盾构正面阻力计算表达式为:

$$F_1 = \int_0^{2\pi} \int_0^{D/2} \sigma_h r \mathrm{d}r \mathrm{d}\alpha \tag{8-26}$$

式中:σ_h 为侧向土压力;D 为盾构刀盘外径;r 为掘进半径;α 为极坐标。

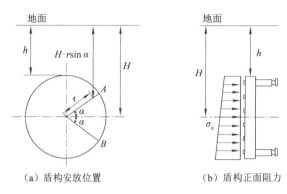

（a）盾构安放位置 　　　　　　（b）盾构正面阻力

图 8-35　盾构安放位置及正面阻力示意图

实际上,考虑到盾构刀盘的开口率和土压平衡使盾构泥室内产生的正面阻力,将盾构正面阻力公式(8-26)修正为:

$$F_1 = \int_0^{2\pi} \int_0^{D/2} \sigma_h r \, \mathrm{d}r \mathrm{d}\alpha + \frac{\pi D^2}{4} p_c \eta \tag{8-27}$$

式中:p_c 为土仓压力;η 为刀盘开口率。

8.3.1.3　盾壳摩阻力计算

根据土体作用于盾构壳体表面的竖向和侧向压力,可得作用在盾构壳体表面的正压力,从而求得盾壳表面受到的摩阻力。土体作用力由两部分组成:一是由于盾构自重引起的土体抗力,根据力平衡原理可知,盾构由于自重,作用于盾构壳体表面上的抗力等于盾构自重,如图 8-36(a)所示;二是由于土体自重产生的作用于盾构壳体表面的压力。在不计盾构自重的情况下,盾构上方的竖向土压力和下方的竖向土体反力相等,依据土力学理论,土体中某点的侧向土压力为该点竖向土压力乘以侧压力系数,故如图 8-35(a)中 A、B 两点的竖向土压力和侧向土压力均相等。从而可知盾构不计自重情况下,其竖向土压力和侧向土压力左右对称、上下对称,分布示意图如图 8-36(b)所示。

竖向土压力和侧向土压力在盾构壳体上分解成正压力,如图 8-37(a)、(b)所示。故在盾构轴线单位长度上由竖向土压力和侧向土压力产生的正压力 N_1、N_2 计算表达式为:

$$N_1 = 4 \int_0^{\frac{\pi}{2}} \sigma_V \sin \alpha \frac{D}{2} \mathrm{d}\alpha \tag{8-28}$$

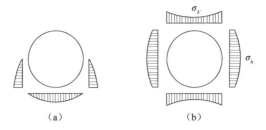

图 8-36　土体作用于盾壳表面的土压力

$$N_2 = 4 \int_0^{\frac{\pi}{2}} \sigma_h \cos \alpha \, \frac{D}{2} \mathrm{d}\alpha \qquad (8\text{-}29)$$

考虑盾构机与土体接触的长度、盾构自重，则土体作用于盾构壳体表面的摩阻力为：

$$F_2 = fL(N_1 + N_2) + fW \qquad (8\text{-}30)$$

式中：f 为盾构壳体与周围土体之间的摩擦系数；L 为盾构与土体接触长度；W 为盾构自重。

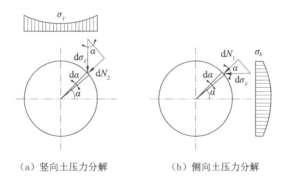

（a）竖向土压力分解　　　　　　（b）侧向土压力分解

图 8-37　盾构壳体表面正压力分解示意图

8.3.2　深浅埋条件下总推力统一计算公式

基于上述计算表达式，要得到广泛适用于深浅埋条件下的总推力计算公式，关键在于选择符合工程实际的竖向土压力和侧向土压力公式。针对引言中提及目前总推力计算公式存在的问题，合理的土压力公式的主要思路：浅埋时，仍用全土柱公式；深埋时，随埋深增加，土压力增长速度变缓；深浅埋分界没有锯齿形突变，而是平顺过渡。

8.3.2.1 地层压力计算

(1) 竖向土压力计算

相关学者对竖向土压力的计算公式进行修正:在隧道埋深小于隧道跨度时采用全土柱公式;埋深大于隧道跨度时采用比尔鲍曼公式,比尔鲍曼公式的曲线在到达一定深度时存在向下弯曲的拐点,在拐点处用水平切线代替,此处起视为深埋隧道,此埋深为深浅埋分界点 D_1。

综上所述,修正的竖向土压力表达式为:

$$\sigma_V = \begin{cases} \gamma h & h \leqslant D \\ \gamma(h+K_3)(1-K_1 h-K_2) & D < h \leqslant D_1 \\ \gamma(D_1+K_3)(1-K_1 D_1-K_2) & h > D_1 \end{cases} \quad (8\text{-}31)$$

式中:当 $h \leqslant D$ 时 γ 为上覆土层加权重度,当 $h > D$ 时 γ 为隧顶围岩重度;h 为隧道上覆土层厚度;D 为断面宽度;K_1,K_2,K_3 的表达式为:

$$K_1 = \frac{\tan\varphi \tan^2\left(45° - \frac{\varphi}{2}\right)}{2a_1}, K_2 = \frac{c\left[1-2\tan\left(45° - \frac{\varphi}{2}\right)\right]}{a_1 \gamma},$$

$$K_3 = \frac{K_1 D + K_2}{1 - K_1 D - K_2} D$$

式中:φ 为围岩内摩擦角;c 为围岩内聚力;$a_1 = \frac{D}{2} + H_f \tan\left(45° - \frac{\varphi}{2}\right)$;$H_f$ 为断面高度;$D_1 = \frac{1-K_2-K_1 K_3}{2K_1}$。

(2) 侧向土压力计算

土体中某点的侧向土压力可按朗金公式计算,即:

$$\sigma_h = K\sigma_V \quad (8\text{-}32)$$

式中:K 为侧向土压力系数,$K = \tan^2(45° - \varphi/2)$。

8.3.2.2 修正后总推力计算

将式(8-31)和式(8-32)代入式(8-27)~式(8-30),可得盾构正面阻力、盾构侧面与土体摩擦阻力的分段表达式为:

$$F_1 = \begin{cases} \frac{\pi D^2}{4}\left[K\gamma H(1-\eta) + \eta p_c\right] & h \leqslant D \\ \frac{\pi D^2}{64}\left[K\gamma(-16HK_2 + 16K + 16H - 16KK_2 - D^2 K_1 - \\ 16H^2 K_1 - 16HKK_1)(1-\eta) + 16\eta p_c\right] & D < h \leqslant D_1 \\ \frac{\pi D^2}{4}\left[K\gamma(D_1+K_3)(1-K_1 D_1 - K_2)(1-\eta) + \eta p_c\right] & h > D_1 \end{cases}$$

$$(8\text{-}33)$$

$$F_2 = \begin{cases} f\gamma DL\left[2H(1+K) - \dfrac{1}{4}D(\pi+2K)\right] + fW & h \leqslant D \\[3mm] \dfrac{f\gamma DL}{12}\big[(24+24K)(K+H-KK_2-H^2K_1) + (3\pi+6K) \cdot \\ (DK_2-D) - (4+2K)D^2K_1 - (24-24K)HKK_1 + \\ (3\pi+6)(2DHK_1 + DKK_1)\big] + fW & D < h \leqslant D_1 \\[3mm] 2f\gamma DL(D_1+K_3)(1-K_1D_1-K_2) + fW & h > D_1 \end{cases}$$

$$(8\text{-}34)$$

8.3.2.3　修正公式的验证

选取绳—六区间隧道左线的盾构掘进总推力的实测值对本书推导的修正公式进行对比验证。

选取绳—六区间左线线路里程为 ZK36+697.6～ZK36+919.6 的盾构段，盾构环号为第 5 环至第 190 环，长 222 m。隧道顶部覆土厚度约为 9.2～15.1 m，纵向采用 27‰下坡段，盾构下穿最大高程差为 5.9 m。该盾构段仅在均一砾砂层中掘进，且盾构下穿高程差较大，对于本书公式的对比验证有较好的参考价值。绳—六区间左线计算参数如表 8-14 所列，其纵断面如图 8-38 所示。

表 8-14　绳—六区间左线计算参数

计算参数	取值
内摩擦角 $\varphi/(°)$	35
黏聚力 c/kPa	10
天然重度 $\gamma/(\text{kN/m}^3)$	19.6
盾构机长 L/m	9.3
盾构总质量 W/t	450

为验证本书推导的计算公式对于实际工程的适用性，根据土压力计算方法的不同，选取两个对照公式进行对比。

（1）一种是土压力计算基于全土柱理论的公式。选取苏健行等的研究成果作为对照公式，即：

$$F = \frac{\pi D^2}{4}K\gamma_1 H(1-\eta) + \frac{\pi D^2}{4}\eta p_c +$$

$$f\gamma_1 DL\left[2H(1+K) - \frac{1}{4}D(\pi+2K)\right] + fW \quad (8\text{-}35)$$

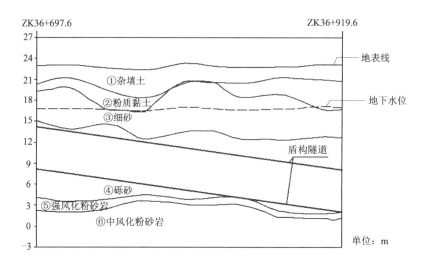

图 8-38　绳—六区间隧道土层纵断面图

式中：γ_1 为盾构轴线所在土层土体重度；其余各符号意义同前。

（2）另一种是土压力计算基于全土柱理论与太沙基理论结合的公式。选取地下铁道的总推力公式作为对照公式，深浅埋分界参考日本隧道标准规范，砂性土中以 $2D$ 为深浅埋分界线，即：

$$F = \frac{\pi D^2}{4} K \gamma_2 H + \frac{\pi D L}{4} f (p_0 + p'_0 + p_1 + p_2) \tag{8-36}$$

式中：γ_2 为盾构轴线以上土层加权重度；p_0 为盾构拱顶处的垂直均布地层压力，当埋深 $h < 2D$ 时，按全土柱计算，当埋深 $h \geqslant 2D$ 时，按泰沙基公式计算；p'_0 为盾构底部的均布反力，$p'_0 = p_0 + W/(DL)$；p_1 为盾构拱顶处的侧向水土压力；p_2 为盾构底部的侧向水土压力；其余符号意义同前。

将总推力实测值、苏健行等公式计算值、地下铁道公式计算值和本书推导公式计算值进行对比，结果如图 8-39 所示。

由图 8-39 中计算结果可知：

（1）基于全土柱理论的苏健行公式，在掘进埋深增大时，计算值会严重偏离实测值，对深埋隧道不适用。

（2）地下铁道公式会在深浅埋分界处出现锯齿形波动，无法在实际工程中进行应用。

（3）本书推导的统一计算公式相比于前两种计算公式，在埋深增大时与实测值拟合度更高；在深浅埋分界处计算值没有出现锯齿形波动，而是合理

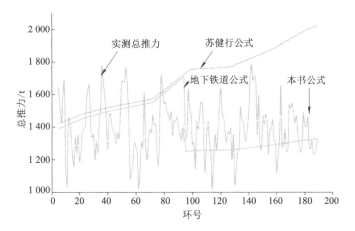

图 8-39　三条总推力公式计算值和实测值对比

地平顺过渡；在本掘进区段内均方差为 30 128，比苏健行公式的均方差 153 520 和地下铁道公式的均方差 39 582 都小，验证本书公式适用性更佳。

8.4　本章小结

掘进参数调控是保证盾构施工效果的关键举措。本章从不同地层条件下土压平衡盾构掘进参数对地层的适应性及对邻近建筑物的影响、富水砾砂层盾构工作面稳定性分析方法及盾构推力参数设置方法等方面进行了富水砾砂层摩擦桩基老旧建筑群段盾构施工掘进控制技术研究，所得主要结论如下：

（1）以绳—六区间左线 21～530 环数据为样本，分析了 EPB 盾构在南昌地区三类典型地层——砾砂地层、砂-岩复合地层、泥质粉砂岩地层中掘进时关键参数的统计学特征，得到了主要参数的分布范围和样本特征值，可为本地区同类地层条件 EPB 盾构施工提供施工参数建议值。

（2）根据各地层实测刀盘扭矩和总推力计算了南昌地区三类典型地层 EPB 盾构选型时的装备系数（推力系数和扭矩系数），结果表明：推力系数可按相同刀盘直径 TBM 的经验系数的下限值进行一定的折减取值，且推力系数取值时砂-岩复合地层最大、砾砂地层次之、泥质粉砂岩地层最小；刀盘扭矩系数可按相同刀盘直径 TBM 经验系数进行取值，且扭矩系数取值时砾砂层最大、砂-岩复合地层次之、泥质粉砂岩地层最小。

（3）引入贯入度、场切入指数和掘进比能,分析了三类典型地层 EPB 盾构的可掘性,结果表明:场切入指数和掘进比能均随贯入度的增大而减小;从贯入度而言,三类典型地层 EPB 盾构掘进的难易性由高到低为泥质粉砂岩地层＞砂-岩复合地层＞砾砂地层;而从场切入指数和掘进比能而言,地层掘进的难易性为砂-岩复合地层＞泥质粉砂岩地层＞砾砂地层。

（4）基于盾构穿越摩擦桩群建筑段邻近风险源现场实测数据,结合不同地层条件下的盾构掘进参数,分析了不同地层及掘进参数条件下隧道邻近建筑物的安全性。以地表沉降、邻近管线和建筑物沉降为依据,评价了依托工程盾构施工控制效果,结果表明施工期间各监测项目远低于控制值,表明依托工程盾构施工控制效果良好,EPB 盾构掘进参数设置较为合理。

（5）引入线路坡度角,基于筒仓理论,采用极限平衡分析法,建立了顺坡施工条件下盾构隧道开挖面极限支护力的理论计算模型,推导出了相应的计算公式。并以依托工程顺坡掘进时的工况为基本算例,分析了理论计算模型的实用性。

（6）编制 Matlab 程序,计算得到了不同线路坡度下,盾构隧道开挖面极限支护力值,归纳总结了其变化规律:顺坡施工条件下,维持盾构隧道开挖面稳定所需的极限支护力随线路坡度增大而呈线性减小;随着线路顺坡坡度的增大,盾构隧道开挖面前方土体的破裂角逐渐增大。

（7）建立了考虑线路坡度的富水砾砂层盾构隧道开挖面稳定性分析的流固耦合计算模型,分析了开挖面中心点水平位移、地表竖向位移及开挖面破坏形态随支护压力比的发展趋势,结果表明:① 地下水渗流会在隧道开挖面前方形成渗透力,从而提高维持开挖面稳定所需的支护压力。表明在富水砾砂层进行盾构施工时,土仓支护压力的设定需较干砂地层更为保守。② 顺坡掘进时,线路坡度有利于维持开挖面的稳定。③ 线路坡度对地层失稳模式的影响不太明显,大纵坡条件下和平坡条件下地层失稳均是因为形成贯穿的滑移面而引起的。

（8）随着隧道覆径比的增大,维持开挖面稳定的极限支护压力逐渐减小,当隧道埋深达到一定值时,极限支护压力逐渐趋于稳定;顺坡掘进时,开挖面极限支护压力随着线路坡度的增大线性减小,而迎坡掘进时,开挖面极限支护压力随着线路坡度的增大线性增大。

（9）针对既有总推力计算公式在深浅埋条件下计算时存在的问题,分析了盾构推力的主要组成部分,进行了盾构正面阻力和盾壳摩阻力计算,建立了深浅埋条件下 EPB 盾构总推力计算模型。

（10）引入修正后的比尔鲍曼土压力公式,推导了修正后竖向土压力计算公式,进一步推导了修正后的盾构正面阻力和盾壳摩阻力计算公式,形成了深浅埋条件下 EPB 盾构掘进总推力统一计算公式。

（11）以绳—六区间 ZK36＋697.6～ZK36＋919.6 段盾构实测推力为依据,对修正模型的可靠性进行了验证,结果表明:随着埋深的增大,由本章推导的修正公式计算的总推力与实测值更为接近;相比于既有计算公式,该计算模型更具优越性。

第9章 主 要 结 论

本书采用理论分析、现场试验和数值模拟等方法,以南昌地铁 3 号线土建 5 标段相关区间盾构隧道工程为背景,对盾构下穿富水砾砂层摩擦桩基老旧建筑群综合控制技术进行了深入研究,得到了以下主要结论。

(1)建立了盾构推进的力学模型,将盾构施工引起地层变位因素主要归纳为盾构正面附加推力、盾壳与地层摩擦力及盾尾地层损失三个方面,并基于 Mindlin 基本解给出了各因素引起的地层变形的三维解析解。

(2)将既有桩基视为 Vlazov 地基中的 Euler 梁,采用两阶段法建立了盾构侧穿桩基施工引起既有桩基横向附加响应分析的解析计算模型,基于弹性地基梁理论推导了解析模型的控制方程,进一步考虑地基沿桩基深度方向的不均匀性,给出了控制方程的差分解。同时,基于既有研究成果验证了解析模型的可靠性。

(3)桩基响应随盾构掘进过程的变化特征分析结果表明:① 正面附加推力和盾壳与地层摩擦力引起的桩基横向响应在盾构开挖面到达桩基轴线所在平面前后具有明显的对称性。② 地层损失是引起邻近桩基横向附加响应的最主要因素,尤其是当盾尾经过桩基轴线位置时。③ 引入归一化参数 η 表征盾构施工引起的桩基附加响应随盾构施工过程的变化规律,当盾尾通过桩基轴线所在平面时,桩基各响应达到峰值;既有桩基附加变形和内力的归一化参数随盾构施工过程的分布特征与盾构施工引起的纵向累积沉降曲线类似,以此判断盾构对既有桩基影响的纵向范围为 $2D \sim -3D$(正值代表开挖面位于桩基轴线所在平面后方,负值则刚好相反,其中 D 为隧道开挖直径)。

(4)基于盾构施工扰动下既有桩基横向附加响应解析模型的参数分析结果表明:① 桩隧横向间距、桩径及桩隧相对深度为影响盾构侧穿桩基引起的横向附加响应的最主要因素,而既有桩基附加响应对桩土相对刚度的敏感性较低;② 各因素的影响都存在一定的范围,当超过一定值后,桩基附加变形和内力逐渐趋于稳定,根据本书基本算例的计算结果来看,桩隧横向间距的影响范围为 $0.5D\sim3.0D$,桩径影响范围为桩径小于 1.5 m,桩隧相对深度的影响范围为 $L_{\mathrm{p}}/H \leqslant 1.5$。

(5) 基于 Bobet 等提出的浅埋圆形隧道施工后地层应力分布的解析解,提出了盾构施工后摩擦桩基承载力计算方法,定义承载力影响因子 R_{Q} 以表征盾构施工对桩基承载力的影响。分析结果表明:盾构施工对短桩($L/H<$ 1.0)、中长桩($1.0 \leqslant L/H<1.5$)和长桩($L/H \geqslant 1.5$)承载力的影响不同,对中长桩影响最大、短桩次之、长桩最小;除中长桩外,短桩和长桩承载力影响因子随桩隧横向的增大先减小后逐渐趋近于 1.0,呈勺状分布;当地层损失率一定时,盾构对摩擦桩基承载力影响范围主要集中在 $r_0 \sim 4r_0$(r_0 为开挖面半径)区域内。

(6) 桩长和地层损失率是影响桩基承载性能的重要因素。桩基承载力影响因子随桩长的增大呈漏斗状分布,当桩端与隧道轴线齐平时,盾构施工对摩擦桩基承载力影响最大,桩基承载力损失最严重;桩基承载力影响因子随地层损失率的增大而减小,两者之间呈线性负相关。

(7) 根据《地基基础设计规范》确定了盾构穿越施工时老旧建筑物安全性控制标准,即建筑物倾斜允许值为 2.0‰。进一步采用数值方法,在多工况计算的基础上,分析了不同地层变形条件下摩擦桩基建筑物的变形特征和安全性。计算结果表明:① 建筑物底板两端差异沉降及相应位置处地表差异沉降与荷载释放系数(或地层损失率)具有良好的幂函数相关关系;② 当桩隧相对埋深小于 1.0 时,建筑物基础差异沉降和相应位置处地表差异沉降几乎一致,因此可采用地表沉降曲线预测此类浅层桩基建筑物的倾斜;③ 当桩端超过隧底时,建筑物桩基对隧道施工引起的地层变形具有良好的隔离效果,有利于建筑物安全。

(8) 以绳—六区间盾构下穿一民宅为典型实例,建立了盾构侧穿浅层摩擦桩基建筑物施工的 3D 有限元模型,分析了盾构侧穿桩基施工时的建筑物变形规律。同时对现场施工控制措施进行了论证,计算结果表明在采取洞周地层加固措施后,建筑物桩基变形明显减小。

(9) 土压平衡盾构对南昌地区典型施工地层——砾砂层、砂-岩复合地层、泥质粉砂岩地层具有较好的适应性,相较泥水盾构,其对施工场地要求低、施工更环保,因此盾构选型时应以土压平衡盾构为主;刀具配置方面,在砂层掘进时,刀具以撕裂刀和刮刀为主,在岩层掘进时以滚刀和刮刀为主。现场刀具磨损调查结果表明:砾砂地层撕裂刀和边刮刀磨损严重,最大磨损量分别达到 37 mm 和 18.25 mm,而刮刀磨损量最大仅为 6.5 mm,撕裂刀磨损量与安装半径呈较好的正相关关系;在全断面岩层中,滚刀整体磨损量较小,最大磨损量为 5 mm,滚刀磨损量与安装半径呈一定的正相关关系。

（10）以绳—六区间左线 21～530 环数据为样本,分析了 EPB 盾构在南昌地区三类典型地层——砾砂地层、砂-岩复合地层、泥质粉砂岩地层中掘进时关键参数的统计学特征,得到了盾构主要参数的分布范围和样本特征值,可为不同地层条件下盾构近接摩擦桩群建筑物施工提供施工参数建议值。从贯入度而言,三类典型地层 EPB 盾构掘进的难易性由高到低为泥质粉砂岩地层＞砂-岩复合地层＞砾砂地层;从场切入指数和掘进比能而言,地层掘进的难易性为砂-岩复合地层＞泥质粉砂岩地层＞砾砂地层。

（11）引入线路坡度角,基于筒仓理论,采用极限平衡分析法,建立了顺坡施工条件下盾构隧道开挖面极限支护力的理论计算模型,推导出了相应的计算公式,并以依托工程顺坡掘进时的工况为基本算例,分析了理论计算模型的实用性。富水砾砂层盾构隧道开挖面稳定性分析的流固耦合计算结果表明:① 地下水渗流会在隧道开挖面前方形成渗透力,从而提高维持开挖面稳定所需要的支护压力。这表明在富水砾砂层进行盾构施工时,土仓支护压力的设定需较干砂地层更为保守。② 顺坡掘进时,线路坡度有利于维持开挖面的稳定。③ 线路坡度对地层失稳模式的影响不太明显,大纵坡条件下和平坡条件下地层失稳均是因为形成贯穿的滑移面而引起的。④ 随着隧道覆径比的增大,维持开挖面稳定的极限支护压力逐渐减小,当隧道埋深达到一定值时,极限支护压力逐渐趋于稳定;顺坡掘进时,开挖面极限支护压力随着线路坡度的增大线性减小,而迎坡掘进时,开挖面极限支护压力随着线路坡度的增大线性增大。

（12）针对既有总推力计算公式在深浅埋条件下计算时存在的问题,分析了盾构推力的主要组成部分,进行了盾构正面阻力和盾壳摩阻力计算,建立了深浅埋条件下 EPB 盾构总推力计算模型。与实测数据的对比结果表明,所建立的修正模型更具优越性。

参 考 文 献

[1] 何川,封坤,方勇.盾构法修建地铁隧道的技术现状与展望[J].西南交通大学学报,2015,50(1):97-109.

[2] 宋克志,袁大军,王梦恕.盾构法隧道施工阶段管片的力学分析[J].岩土力学,2008,29(3):619-623,628.

[3] 林攀,刘志春,胡指南,等.盾构隧道拓建地铁车站施工力学特性分析[J].国防交通工程与技术,2020,18(4):31-34.

[4] 孔祥兴,夏才初,仇玉良,等.平行小净距盾构与 CRD 法黄土地铁隧道施工力学研究[J].岩土力学,2011,32(2):516-524.

[5] 唐孟雄,陈如桂,陈伟.广州地铁盾构隧道施工中管片受力监测与分析[J].土木工程学报,2009,42(3):118-124.

[6] 朱叶艇,朱雁飞,张子新,等.异形盾构隧道衬砌结构计算模型和受力特征研究[J].岩土工程学报,2018,40(7):1230-1236.

[7] 王忠昶,常龙,夏洪春.地铁盾构双线隧道施工地层变形及衬砌结构应力数值分析[J].大连交通大学学报,2017,38(1):81-85.

[8] 丁勇春,程泽坤,王建华,等.地铁车站深基坑变形及其对邻近桥梁桩基的影响(英文)[J].岩土工程学报,2012,34(增刊1):383-388.

[9] 尚艳亮,鲍林,师文君.石家庄无水砂层盾构选型分析[J].铁道工程学报,2017,34(11):81-87.

[10] 郭彩霞,孔恒,王梦恕.无水大粒径漂卵砾石地层土压平衡盾构施工渣土改良分析[J].土木工程学报,2015(增刊1):201-205.

[11] 宋克志,安凯,袁大军,等.TBM 掘进盘形滚刀最优切深动态模糊控制研究[J].应用基础与工程科学学报,2009,17(3):412-420.

[12] 周喜温.土压平衡式复合盾构刀盘的刀具优化配置研究[D].长沙:中南大学,2010.

[13] 袁大军,毛家骅,王将,等.软岩地层泥水盾构掘进刀盘堵塞现象研究[J].中国公路学报,2022,35(4):177-185.

[14] 刘泓志,曹英贵,代镇洋,等.穿越多种典型地层的跨海超大直径泥水盾构选型及针对性设计——以青岛胶州湾第二海底隧道为例[J].隧道建设(中英文),2024,44(4):793-800.

[15] 杜闯东.基岩破碎带与软硬不均等不良地层盾构掘进技术分析[J].隧道建设,2015,35(9):920-927.

[16] 胡浩睿,赵立锋,孙广臣,等.盾构钢套筒接收技术在苏州地铁富水含砂地层中的应用研究[J].现代隧道技术,2018,55(4):197-203.

[17] 吴全立,王梦恕,朱磊,等.盾构近始发端头下穿既有地铁线路的综合施工技术研究[J].现代隧道技术,2016,53(4):134-142.

[18] 吴韬,韦良文,张庆贺.大型盾构出洞区加固土体稳定性研究[J].地下空间与工程学报,2008,4(3):477-482,585.

[19] 雷金山,殷黎明,杨秀竹,等.砂卵石地层盾构始发与到达端头土体加固范围研究[J].铁道科学与工程学报,2013,10(1):40-44.

[20] 王闯,封坤,戴志成,等.富水地层双线小净距土压平衡盾构开挖面稳定性研究[J].铁道标准设计,2018,62(12):112-117,124.

[21] YIN X S,CHEN R P,MENG F Y. Influence of seepage and tunnel face opening on face support pressure of EPB shield[J]. Computers and geotechnics,2021,135:104198.

[22] 蒋洪进.泥水盾构穿越既有隧道的影响及施工参数研究[D].上海:上海交通大学,2009.

[23] 王洪新.土压平衡盾构刀盘开口率对土舱压力的影响[J].地下空间与工程学报,2012,8(1):89-93,104.

[24] 戴志成,封坤,徐凯,等.土压平衡盾构水下始发段掘进参数对地表沉降的影响分析[J].铁道标准设计,2019,63(10):99-105.

[25] 林存刚,张忠苗,吴世明,等.泥水盾构掘进参数对地面沉降影响实例研究[J].土木工程学报,2012,45(4):116-126.

[26] 陈发东.盾构隧道施工对临近桥梁桩基及周围土体影响的模拟研究

[J].中外公路,2018,38(6):177-181.

[27] 薛晓辉,宿钟鸣,孙志杰.基于地层损失理论的盾构隧道沉降分析及控制措施研究[J].科学技术与工程,2013,13(32):9569-9573.

[28] 韩煊,王法,雷崇红,等.盾构隧道施工引起的土层分层沉降规律实测研究[J].隧道建设,2017,37(4):401-408.

[29] 邓如勇.隧道-既有建筑物净距对盾构施工影响的数值分析[J].现代城市轨道交通,2019(9):61-66.

[30] 王丽,郑刚.盾构法开挖隧道对桩基础影响的有限元分析[J].岩土力学,2011,32(增刊1):704-712.

[31] 郭院成,郜新军,郭孝坤,等.盾构下穿施工对既有桩基承载性能的影响研究[J].公路,2017,62(3):236-242.

[32] KOYAMA Y. Present status and technology of shield tunneling method in Japan[J]. Tunnelling and underground space technology,2003,18(2/3):145-159.

[33] HASANIPANAH M,SHAHNAZAR A,BAKHSHANDEH AMNIEH H,et al. Prediction of air-overpressure caused by mine blasting using a new hybrid PSO-SVR model[J]. Engineering with computers,2017,33(1):23-31.

[34] LEI M F,LIN D Y,HUANG Q Y,et al. Research on the construction risk control technology of shield tunnel underneath an operational railway in sand pebble formation:a case study[J]. European journal of environmental and civil engineering,2020,24(10):1558-1572.

[35] 丁祖德,彭立敏,施成华.地铁隧道穿越角度对地表建筑物的影响分析[J].岩土力学,2011,32(11):3387-3392.

[36] 贺美德,刘军,乐贵平,等.盾构隧道近距离侧穿高层建筑的影响研究[J].岩石力学与工程学报,2010,29(3):603-608.

[37] 刘国楠,张远荣,肖文海.盾构过富水砂层对地表建筑物影响的研究[J].西北地震学报,2011,33(3):243-248.

[38] 柳厚祥,任志勇,陈思宇.隧道不同位置下穿施工引起邻近建筑物的变形分析[J].土木工程学报,2014,47(8):128-137.

[39] 任建喜,李庆园,郑赞赞,等.盾构诱发的地表及邻近建筑物变形规律研

究[J].铁道工程学报,2014,31(1):69-74.

[40] FARRELL R,MAIR R,SCIOTTI A,et al. Building response to tunnelling[J]. Soils and foundations,2014,54(3):269-279.

[41] BOLDINI D,LOSACCO N,BERTOLIN S,et al. Finite element modelling of tunnelling-induced displacements on framed structures[J]. Tunnelling and underground space technology,2018,80:222-231.

[42] 李雪,周顺华,王培鑫,等.隔离桩及盾构近接施工对高铁桩基的影响分析[J].岩土力学,2015,36(增刊1):235-240.

[43] 魏纲,冯非凡,齐永洁,华鑫欣.盾构隧道全过程穿越对下方既有隧道的影响研究[J].隧道建设(中英文),2022,42(增刊2):69-79.

[44] 孙庆,杨敏,冉侠,等.隧道开挖对周围土体及桩基影响的试验研究[J].同济大学学报(自然科学版),2011,39(7):989-993.

[45] 韩进宝,熊巨华,孙庆,等.邻近桩基受隧道开挖影响的多因素三维有限元分析[J].岩土工程学报,2011,33(增刊2):339-344.

[46] 徐中华,王卫东.敏感环境下基坑数值分析中土体本构模型的选择[J].岩土力学,2010,31(1):258-264.

[47] 冯国辉,郑茗旺,黄展军,等.考虑剪切变形下隧道开挖引起邻近桩基水平向响应简化分析[J].中南大学学报(自然科学版),2023,54(1):209-219.

[48] ZHANG Z G,HUANG M S,XU C,et al. Simplified solution for tunnel-soil-pile interaction in Pasternak's foundation model[J]. Tunnelling and underground space technology,2018,78:146-158.

[49] 程康,俞帆,梁荣柱,等.考虑桩基剪切效应的盾构开挖对邻近桩基水平向变形分析[J].岩土工程学报,2018,40(增刊2):178-182.

[50] ZHANG Z G,ZHANG C P,JIANG K M,et al. Analytical prediction for tunnel-soil-pile interaction mechanics based on Kerr Foundation Model[J]. KSCE journal of civil engineering,2019,23(6):2756-2771.

[51] 张治国,张成平,奚晓广.双线隧道不同布置方式下相互作用影响的地层位移解析[J].岩土工程学报,2019,41(2):262-271.

[52] FARGNOLI V,GRAGNANO C G,BOLDINI D,et al. 3D numerical modelling of soil-structure interaction during EPB tunnelling[J].

Géotechnique,2015,65(1):23-37.

[53] FU J Y,YU Z W,WANG S Y,et al. Numerical analysis of framed building response to tunnelling induced ground movements[J]. Engineering structures,2018,158:43-66.

[54] 付杰,于兹,王斯,等.框架结构对隧道开挖地基响应的数值分析运动[J].工程结构,2018,158:43-66.

[55] BAI Y,YANG Z H,JIANG Z W. Key protection techniques adopted and analysis of influence on adjacent buildings due to the Bund Tunnel construction[J]. Tunnelling and underground space technology,2014,41:24-34.

[56] 王国富,郑涛,路林海,等.小半径盾构下穿高铁桥支护优化及变形控制研究[J].防灾减灾工程学报,2017,37(1):113-121.

[57] 纪新博,赵文,李慎刚,等.隔离桩在隧道侧穿邻近浅基建筑中的应用[J].东北大学学报(自然科学版),2013,34(1):135-139.

[58] 王祖贤,施成华,陈刚.基于正交试验的隧道近接施工隔离桩优化设计[J].铁道科学与工程学报,2020,17(7):1785-1791.

[59] 陈仁朋,叶跃鸿,王诚杰,等.大型地下通道开挖对下卧地铁隧道上浮影响[J].浙江大学学报(工学版),2017,51(7):1269-1277.

[60] 陈仁朋,刘源,刘声向,等.盾构隧道管片施工期上浮特性[J].浙江大学学报(工学版),2014,48(6):1068-1074.

[61] 叶飞,朱合华,丁文其,等.施工期盾构隧道上浮机理与控制对策分析[J].同济大学学报(自然科学版),2008,36(6):738-743.

[62] 舒瑶,周顺华,季昌,等.多变复合地层盾构隧道施工期管片上浮实测数据分析与量值预测[J].岩石力学与工程学报,2017(增刊1):3464-3474.

[63] 董赛帅,杨平,姜春阳,等.盾构隧道管片上浮机理与控制分析[J].地下空间与工程学报,2016,12(1):49-54.

[64] 张亚洲,王善高,闫凡路.大直径泥水盾构下穿民房建筑群沉降分析及控制[J].防灾减灾工程学报,2016,36(6):959-964.

[65] 赵敏,徐增伟.天津地铁盾构隧道下穿停机坪施工地表沉降控制[J].现代隧道技术,2016,53(1):180-186.

[66] 陈世超.地铁盾构施工对地表沉降的影响研究[D].淮南:安徽理工大学,2018.

[67] 鞠鑫.双线地铁盾构施工引起的地表沉降分析及施工控制[J].铁道标准设计,2019,63(8):120-125,139.

[68] 陈仁朋,张品,刘湛,等.MJS水平桩加固在盾构下穿既有隧道中应用研究[J].湖南大学学报(自然科学版),2018,45(7):103-110.

[69] 欧阳垂礼,金平,高筠涵.复合式土压平衡盾构下跨建筑地表沉降控制[J].四川建筑,2019,39(6):107-109.

[70] 康成,梅国雄,梁荣柱,等.地表临时堆载诱发下既有盾构隧道纵向变形分析[J].岩土力学,2018,39(12):4605-4616.